本书由
中央高校建设世界一流大学（学科）
和特色发展引导专项资金
资助

中南财经政法大学“双一流”建设文库

创 | 新 | 治 | 理 | 系 | 列 |

制度环境、账税一致避税与企业绩效

曾 姝 著

中国财经出版传媒集团
中国财政经济出版社

图书在版编目（CIP）数据

制度环境、账税一致避税与企业绩效／曾姝著．—— 北京：中国财政经济出版社，2019.12

（中南财经政法大学“双一流”建设文库．创新治理系列）

ISBN 978－7－5095－9391－2

Ⅰ.①制… Ⅱ.①曾… Ⅲ.①企业－避税－研究－中国 Ⅳ.①F812.423

中国版本图书馆CIP数据核字（2019）第246450号

责任编辑：武志庆　　　　责任校对：胡永立

封面设计：陈宇琰

制度环境、账税一致避税与企业绩效

ZHIDU HUANJING、ZHANGSHUI YIZHI BISHUI YU QIYE JIXIAO

中国财政经济出版社 出版

URL：http：//www.cfeph.cn

E－mail：cfeph@cfemg.cn

社址：北京市海淀区阜成路甲28号　邮政编码：100142

营销中心电话：010－88191537

北京财经印刷厂印装　各地新华书店经销

787×1092毫米　16开　9.25印张　148 000字

2019年12月第1版　2019年12月北京第1次印刷

定价：42.00元

ISBN 978－7－5095－9391－2

（图书出现印装问题，本社负责调换）

本社质量投诉电话：010－88190744

打击盗版举报热线：010－88191661　QQ：2242791300

总　序

“中南财经政法大学‘双一流’建设文库”是中南财经政法大学组织出版的系列学术丛书，是学校“双一流”建设的特色项目和重要学术成果的展现。

中南财经政法大学源起于1948年以邓小平为第一书记的中共中央中原局在挺进中原、解放全中国的革命烽烟中创建的中原大学。1953年，以中原大学财经学院、政法学院为基础，荟萃中南地区多所高等院校的财经、政法系科与学术精英，成立中南财经学院和中南政法学院。之后学校历经湖北大学、湖北财经专科学校、湖北财经学院、复建中南政法学院、中南财经大学的发展时期。2000年5月26日，同根同源的中南财经大学与中南政法学院合并组建“中南财经政法大学”，成为一所财经、政法“强强联合”的人文社科类高校。2005年，学校入选国家“211工程”重点建设高校；2011年，学校入选国家“985工程优势学科创新平台”项目重点建设高校；2017年，学校入选世界一流大学和一流学科（简称“双一流”）建设高校。70年来，中南财经政法大学与新中国同呼吸、共命运，奋勇投身于中华民族从自强独立走向民主富强的复兴征程，参与缔造了新中国高等财经、政法教育从创立到繁荣的学科历史。

“板凳要坐十年冷，文章不写一句空”，作为一所传承红色基因的人文社科大学，中南财经政法大学将范文澜和潘梓年等前贤们坚守的马克思主义革命学风和严谨务实的学术品格内化为学术文化基因。学校继承优良学术传统，深入推进师德师风建设，改革完善人才引育机制，营造风清气正的学术氛围，为人才辈出提供良好的学术环境。入选“双一流”建设高校，是党和国家对学校70年办学历史、办学成就和办学特色的充分认可。“中南大”人不忘初心，牢记使命，以立德树人为根本，以“中国特色、世界一流”为核心，坚持内涵发展，“双一流”建设取得显著进步：学科体系不断健全，人才体系初步成型，师资队伍不断壮大，研究水平和创新能力不断提高，现代大学治理体系不断完善，国际交流合作优化升级，综合实力和核心竞争力显著提升，为在2048年建校百年时，实现主干学科跻身世界一流学科行列的发展愿景打下了坚实根基。

“当代中国正经历着我国历史上最为广泛而深刻的社会变革，也正在进行着人类历史上最为宏大而独特的实践创新”，“这是一个需要理论而且一定能够产生理论的时代，这是一个需要思想而且一定能够产生思想的时代”①。坚持和发展中国特色社会主义，统筹推进“五位一体”总体布局和协调推进“四个全面”战略布局，实现“两个一百年”奋斗目标、实现中华民族伟大复兴的中国梦，需要构建中国特色哲学社会科学体系。市场经济就是法治经济，法学和经济学是哲学社会科学的重要支撑学科，是新时代构建中国特色哲学社会科学体系的着力点、着重点。法学与经济学交叉融合成为哲学社会科学创新发展的重要动力，也为塑造中国学术自主性提供了重大机遇。学校坚持财经政法融通的办学定位和学科学术发展战略，“双一流”建设以来，以“法与经济学科群”为引领，以构建中国特色法学和经济学学科、学术、话语体系为己任，立足新时代中国特色社会主义伟大实践，发掘中国传统经济思想、法律文化智慧，提炼中国经济发展与法治实践经验，推动马克思主义法学和经济学中国化、现代化、国际化，产出了一批高质量的研究成果，“中南财经政法大学‘双一流’建设文库”即为其中部分学术成果的展现。

文库首批遴选、出版二百余册专著，以区域发展、长江经济带、“一带一路”、创新治理、中国经济发展、贸易冲突、全球治理、数字经济、文化传承、生态文明等十个主题系列呈现，通过问题导向、概念共享，探寻中华文明生生不息的内在复杂性与合理性，阐释新时代中国经济、法治成就与自信，展望人类命运共同体构建过程中所呈现的新生态体系，为解决全球经济、法治问题提供创新性思路和方案，进一步促进财经政法融合发展、范式更新。本文库的著者有德高望重的学科开拓者、奠基人，有风华正茂的学术带头人和领军人物，亦有崭露头角的青年一代，老中青学者秉持家国情怀，述学立论、建言献策，彰显“中南大”经世济民的学术底蕴和薪火相传的人才体系。放眼未来、走向世界，我们以习近平新时代中国特色社会主义思想为指导，砥砺前行，凝心聚

① 习近平：《在哲学社会科学工作座谈会上的讲话》，2016年5月17日。

力推进“双一流”加快建设、特色建设、高质量建设，开创“中南学派”，以中国理论、中国实践引领法学和经济学研究的国际前沿，为世界经济发展、法治建设做出卓越贡献。为此，我们将积极回应社会发展出现的新问题、新趋势，不断推出新的主题系列，以增强文库的开放性和丰富性。

“中南财经政法大学‘双一流’建设文库”的出版工作是一个系统工程，它的推进得到相关学院和出版单位的鼎力支持，学者们精益求精、数易其稿，付出极大辛劳。在此，我们向所有作者以及参与编纂工作的同志们致以诚挚的谢意！

因时间所囿，不妥之处还恳请广大读者和同行包涵、指正！

中南财经政法大学校长 杨灿明

前　言

企业避税行为一直是会计领域的研究重点，根据 Hanlon and Heitzman（2010），企业避税行为被广泛地定义为一切降低企业显性税收负担的行为。企业实现避税目的有两种方式：第一种是通过只减少应税利润而不影响税前会计利润的方式，由于这一方式往往会形成更大的账税差异，我们将这种方式称为引起账税差异的避税（以下简称“账税差异避税”）；第二种是采用同时减少应税利润和税前会计利润的方式，我们将这种方式称为“保持账税一致的避税”（以下简称“账税一致避税”）。文献中广泛使用的度量指标只能反映企业“账税差异避税”程度，对企业“账税一致避税”行为缺乏关注。然而，现实中企业常常利用“推迟确认收入”或“虚列费用”等“账税一致避税”策略，仅用“账税差异避税”指标考察企业整体的避税程度有以偏概全之嫌。在国际国内税收征管逐年增强的大环境下，研究隐蔽性更强的企业“账税一致避税”行为既能填补理论的不足，也具有较强的现实意义。我们采取规范分析和实证检验相结合的方法，以 Allingham - Sandmo（1972）税收遵从理论、Schole - Wolfson（1992）有效税务筹划理论和委托—代理理论（Jensen and Meckling，1976）为基础，重点考察了我国企业“账税一致避税”行为的决定因素和经济后果。本书[①]主要包括三个子研究：

第一，我们以 2003—2013 年工业企业数据库和沪深两市 A 股上市非金融类企业为样本研究了中国企业“账税一致避税”行为，发现资本市场压力对企业“账税一致避税”程度有较强的抑制作用，由于缺乏资本市场压力，非上市企业“账税一致避税”程度显著高于上市企业。在预期适用税率大幅降低时，非上市企业有更强的动机通过“账税一致避税”推迟缴纳所得税以减轻企业的税收负担，但国有控股的非上市企业这种动机较其余非上市企业更弱。

① 感谢中南财经政法大学和国家自然科学基金青年项目（项目号：71802191）的资助。

第二，我们研究了中国上市企业“账税一致避税”策略及其外部影响因素，以2003—2014年沪深两市A股非金融类上市企业为样本，实证发现中国上市企业“账税一致避税”程度存在差异。上市企业“账税一致避税”程度不仅受到资本市场压力的影响，还受到外部监管和政府干预的影响。按照企业产权性质分组检验发现，非国有企业“账税一致避税”程度主要受到资本市场压力的影响，而国有企业“账税一致避税”程度主要受到外部监管和政府干预的影响。具体而言，国际四大会计师事务所审计、较高的地区税收征管强度以及较低的政府干预程度促使国有上市企业更多地采取“账税一致避税”策略。

第三，我们以2007—2014年沪深两市A股非金融类上市企业为样本，研究了同时考虑“账税一致”和“账税差异”这两种避税策略时中国上市企业避税程度与未来经营绩效的关系。实证检验发现企业避税与未来税前资本回报率、税前净经营资产回报率和税前经营资产回报率显著正相关，并且这种相关关系随着时间减弱。使用杜邦分析法，我们发现企业避税尽管提高了盈利能力（与税前营业利润率显著正相关），但降低了资产利用率（与资产周转率显著负相关），同时与税前财务杠杆效应和税前经营负债效应呈现出微弱的负相关关系。按照企业产权性质分组检验发现，企业避税对国有企业盈利能力的提高效应和资产利用率的降低效应更强。按照机构投资者持股比例分组检验发现，企业避税对机构持股比例较高的企业（即治理较好的企业）盈利能力的提高效应更强。这些结果说明，在全面考虑企业的整体避税程度之后，中国上市企业避税行为能够通过提高企业盈利能力促进企业未来经营绩效，体现出“价值创造”作用。

本书主要贡献有三点：第一，我们初步探索了可以广泛使用的度量中国企业“账税一致避税”程度的指标，为研究中国企业避税行为提供了新的视角。同时考虑“账税一致避税”和“账税差异避税”为研究企业避税策略提供了更加完整的框架，为文献中提出的企业“避税不足之谜”提供了新的可能解释，为考察企业避税对企业价值和未来经营绩效的影响提供了新的探索方向。第二，我们的发现丰富了对国有企业避税策略的认识。不少研究认为我国国有企业较少采用税务筹划，所得税负担较重（郑红霞和韩梅芳，2008；吴联生，2009），这些文章使用的均是度量“账税差异避税”的指标。而我们用“账税一致避税”指标发现，尽管国有企业较少采用“账税差异避税”，它们在外部监管较强的时候会使用“账税一致避税”策略。并且在综合考虑“账税一致”和“账税差异”这两种避税策略时，企业避税对国有企业盈利能力的提高效应和资产利用率的降低效应比非国有企业更强。第三，Badertscher et al.（2016）仅考虑了资本市场压力这一外部因素对上市企业“账税一致避税”的影响，而我们依据中国特殊的制度背景，进一步将研究范围扩展到了独立审计师、税收监管和政府干预等外部力量，得出了与美国不同但是符合我国制度背景的研究结论，丰富了对企业“账税一致避税”经济动因的认识。

目　录

第1章 导　言

1.1　研究背景及意义

1.1.1　研究背景

市场经济无法有效率地提供具有“外部性”的产品，因此政府承担着公共基础设施、国防、医疗、养老、失业保险等公共品的供应职能。为了保证这些公共职能正常运行，政府每年都会产生庞大的财政支出，因而需要规模相当的财政收入进行维持。税收是政府财政收入的重要来源，对社会的正常运转具有重要意义。然而，税收对企业而言是一种财富和资金上的负担。向政府支付的税收相当于向少数股东支付的股利，减少了控股股东在企业盈利中的分成，损害了他们的财富，而且减少了企业可自由支配的现金，因此税收是企业在经营过程中必须认真考虑的重要问题。德勤的调查显示，2/3的企业高管认为在企业内部交易中税收功能是最重要的考虑因素，Alvarez and Marshal（2012）报告高达92%的企业财务高管在做全球经营决策时会考虑税收因素。而且企业对税收问题的关注呈现出逐年增加的趋势，Taxand公司2012年的报告显示CFO普遍反映税收问题在董事会议程中的比重相比2011年有所增加，平均增加幅度达到16%。

在企业对税收问题日趋重视的同时，政府对企业避税行为的监管也日趋严格。随着近年来全球经济增速的放缓，不少国家和地区相继发生债务危机，财政上的压力使各国各地政府和企业在税收问题上的矛盾越来越尖锐，加上大型跨国企业利用“避税天堂”在全球范围内进行大规模的税务筹划严重破坏了商业秩序和社会公平，企业避税和政府反避税已经成为引起广泛关注的国际问题。

2016 年，美国税务局向 Facebook 发出补税公告，补税金额达到 30 亿～50 亿美元，此外还需缴纳利息和罚金①。同年 4 月，美国财政部出台了旨在遏制避税交易的新政，直接导致了辉瑞 1600 亿美元收购艾尔建的计划受阻，如果这一收购计划成功，辉瑞的税率预计有望从目前的 25% 下调至 18% 左右。在此之前，包括苹果、星巴克、谷歌、微软、麦当劳、亚马逊在内的多家跨国巨头在不同国家也相继曝出涉嫌逃税，据估计国际性企业每年在欧洲地区的避税额达到 1.11 万亿美元。

企业在中国进行避税遭到高额处罚的案例也屡见不鲜，比如 2014 年微软在华补税金额达到人民币 8.4 亿元，2015 年 AMD 被江苏税务部门追缴税款高达人民币 14 亿元。随着中国近年来经济增长速度放缓进入“新常态”，以及人口结构逐渐步入“老龄化”，政府既要持续采取扩张性财政政策促进经济增长和产业升级，又要对养老保险等公共基金进行补贴（中国近年城镇职工基本养老保险基金总支出和财政补贴情况如图 1－1 所示），财政面临严峻挑战，税收压力也持续增加。各级财政、税务、海关部门依法加强征管，力图维持财政的平稳运

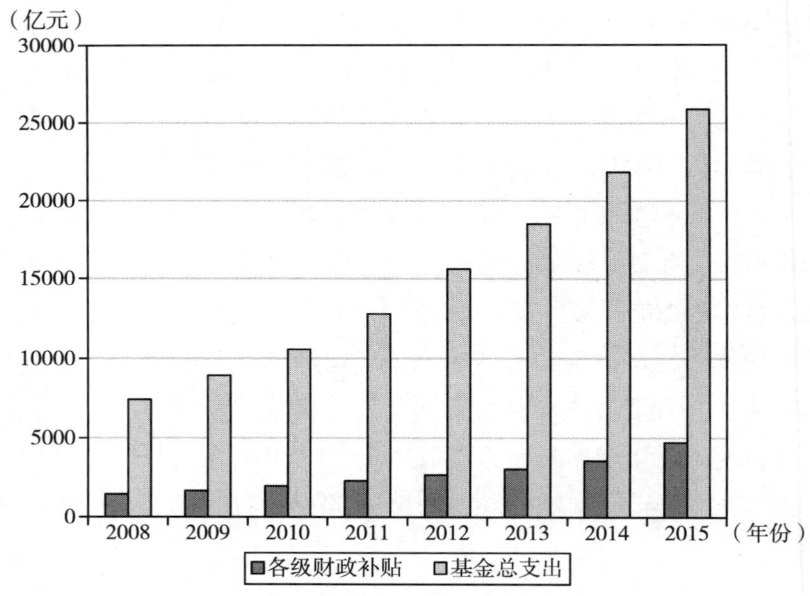

图 1－1　2008—2015 年城镇职工基本养老保险基金总支出和财政补贴

① 新浪财经：http：//finance. sina. com. cn/roll/2016－08－02/doc－ifxunyyf6499650. shtml.

行。2014 年《中国税务稽查年鉴》显示，“2003—2008 年，中国税务稽查年平均查补入库在 400 亿元以下。2009—2012 年，中国税务稽查加大力度、勇挑重担、狠抓重点，稽查查补入库收入迈上新台阶，创造历史新起点，跃升到千亿元左右。2009—2012 年查补入库额分别为 1176 亿元、1140 亿元、957 亿元、1213 亿元”。“2013 年，全国各级税务稽查部门共检查纳税人 17.68 万户，入库第五年超过 1000 亿元，创造了查补税收 1284 亿元、入库 1234 亿元的历史最高水平，分别比上年同期增加 34 亿元、23 亿元”。2016 年年初，国家税务总局明确了 2016 年稽查工作的重点和方向：在全国范围内普遍推行对高风险纳税人的定向稽查制度，依法加大涉税违法行为查处力度，定期曝光重大涉税违法案件，震慑不法分子。可见中国税务稽查力度呈逐年增强之势，企业避税行为被查处的风险越来越大。中国近年税务稽查查补总额情况如图 1－2 所示。

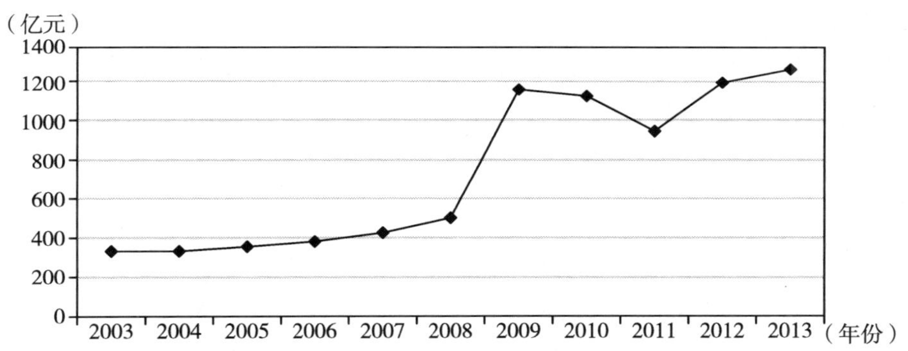

图 1－2 2003—2013 年全国税务稽查查补总额情况

Becker（1968）首先运用经济学机制分析犯罪行为，指出是否从事犯罪活动取决于犯罪的边际成本和边际收益之间的权衡，Allingham and Sandmo（1972）将这一理论运用到避税领域，提出是否从事避税活动取决于避税的边际成本和边际收益之间的权衡。而避税的边际成本是避税行为被发现并受到处罚的可能性，它受到税法的规定、税务机构的执行力度和其余外部监管力量的共同影响。按照《中国税务稽查年鉴 2014》统计，企业避税可能受到的直接处罚按程度不同大致可以分为“行政强制措施”及“移送司法机关”两种。其中“行政强制措施”包括冻结存款、扣押查封财产、扣缴税款、依法拍卖或变卖、责成提供纳税担保、暂停出口退税、收缴或停售发票、行使代位权和撤销权、阻止出境、提请人民法院强制执行等；“移送司法机关”的可能判决结果则包括管制、拘役、有期徒刑、无期徒刑、死刑、罚金、没收财产等。可见，企业一旦因避税问题受到处罚，轻则需将税款补齐并交纳罚款，重则会严重影响企业经营，甚至给相关责任人带来牢狱之灾。随着税收征管力度的加强和信息技术的进步，企业采取明显的避税形式被处罚的风险加剧，边际成本增加。在当今充满不确定性的经营环境中，企业力图规避风险，更不愿因避税问题引起税务机关的关注。因为税法的规定常常复杂且具有不少模糊的“灰色地带”，企业在经营过程中的每笔交易适用的税务处理方式存在不确定性，不同的人可能有不同的判断，企业内部经理人与税务执法人员之间更是经常存在分歧。因此，一旦企业被税务机关盯上，即使企业主观上没有恶意的避税行为，由于对税法理解上的客观偏差被查出问题的概率也较大，比如近年的《中国税务稽查年鉴》显示，各地被查企业的平均问题率持续高达90%以上。按照传统的税收威慑模型，为了应对日趋严格的监管形势，企业在效用最大化的考虑下必然理性地选择转向更加隐蔽的避税方式。

2014 年 7 月，国家税务总局发布了《重大税收违法案件信息公布办法（试行）》，建立了我国税收违法“黑名单”公布制度。2014 年 12 月，税务总局与中央文明办、最高人民法院等 20 个部门联合签署了《关于对重大税收违法案件当事人实施联合惩戒措施的合作备忘录》。两个办法的颁布，标志着税收违法“黑名单”公布制度和联合惩戒制度的确立。截至 2017 年 3 月，国家税务总局与 33 个部委联合签署《关于对重大税收违法案件当事人实施联合惩戒措施的合作备忘录（2016 年版）》，与 2014 年相比，参与联合惩戒的单位由 21 个增加到 34 个，联合惩戒措施也由 18 项增加到 28 项。统计数据显示，2015 年 1 月至 2017 年 2 月，全国各级税务机关共向联合惩戒单位推送“黑名单”3506 件，这些“黑名单”当事人被税务机关直接列入纳税信用 D 级序列，需接受高频次税收检查和纳税评估，在发票领用、出口退税等方面受到更为严格的监管，并在合作备忘录列明的领域和事项上受到联合惩戒成员单位的严格管理和限制。税务机关推送“黑名单”信息的部门包括工商、金融、铁路运输、航空等，一旦被纳入黑名单，不仅企业受损失，企业负责人个人和企业名声扫地，而且企业的经营和企业负责人的出行、消费都会因此受到限制，比如不能乘坐飞机头等舱、高铁一等座等。“联合惩戒”机制在“直接处罚”的基础上进一步增加了企业避税的边际成本。

除了政府部门的监管压力之外，近年来舆论关于企业社会责任的重视也促使企业倾向于更加隐蔽的避税方式。安永（Ernst & Young）2011 年的报告指出，一些行动组织和媒体正在掀起一种新型的反避税运动，他们将公众的注意力引向那些没有支付它们“应当承担的纳税份额”的企业。即使一些跨国企业利用世界各地的税率差异构建复杂的组织结构，实现了避税行为表面上的合理合法，仍然会引起公众的关注和质疑，而这些质疑常常导致有关机构的调查和处罚。比如星巴克通过荷兰来运营其在欧洲的所有业务，支付的公司税有时甚至不到税前利润的1%，苹果在爱尔兰长达10多年的时间中支付的实际税率小于2%。尽管这些国家的本意是通过为跨国企业提供税收优惠换取本国的就业岗位，已经以给企业发送税务通知函的形式裁定了其应该缴纳的最低税款金额，在本国具有合法性，但苹果、星巴克等企业仍然遭到欧盟竞争委员会的调查，各国发出的税务通知函可能被裁定为非法的政府援助行为。在重重压力之下，爱尔兰这一曾经的“避税港湾”也公开表态将在2020年之前结束针对大型跨国企业的减税政策①。全球性的税收稽查和舆论关注正使诸多企业的避税行为陷入重重“围追堵截”，中国也不乏类似案例。2013年两会期间有提案呼吁对电商征税，淘宝顿时成为众矢之的，随后阿里集团成为中国互联网公司纳税第一名，纳税额度逐年增长，2014纳税109亿元，2015年纳税178亿元，2016年与蚂蚁金服集团合计纳税238亿元。与此同时，同阿里规模相近的腾讯也引起了舆论关注，有报道指出腾讯2015年经营收入达到1028亿元，利润达到324亿元，然而其关于纳税信息的披露与阿里相比却显得“沉默不语”。综上所述，在当前国际国内税收监管力度增强，舆论压力增大的趋势下，出于对避税的边际成本和边际收益的权衡，我国企业的避税行为必然向更加隐蔽的方向发展。

在中国的税制结构中占税收收入比重最大的税种是增值税，《中国税务年鉴2015》显示增值税占总税收收入的比重为34.4%，企业所得税占比位列第二，达到20.4%，其后是营业税和消费税，历年不同税种占比排序情况基本不变。尽管增值税是我国税收体系的第一大税种，本书对企业避税行为的研究仍然集中于企业所得税，理由有两点。第一，从是否可转嫁角度而言，增值税是以商品（含应税劳务）在流转过程中产生的增值额作为计税依据而征收的一种流转税，实行价外税，也就是由消费者负担。因此，从企业角度而言，增值税的税收负担是可以转嫁出去的，在企业市场地位等其他因素一定的情况下，企业对增值税的避税动机不如所得税强。第二，从与财务报表的关系紧密度而言，企

① 新浪科技：http：//tech. sina. com. cn/it/2015 – 09 – 06/doc – ifxhqhuf8097992. shtml 及新浪财经：http：//finance. sina. com. cn/world/20151020/160423525821. shtml.

业净利润是税前利润扣除所得税费用得到的，因此，所得税费用的大小直接影响到企业的净利润。经济、法律、财政、金融等学科领域均不乏对企业避税问题的研究，会计学者研究企业避税问题的优势在于对企业财务知识的掌握，研究重点集中于与利润直接相关的企业所得税项目最符合会计领域的研究特点，也与避税领域的会计主流文献一致。因此，本书的研究重点是更加隐蔽的企业所得税避税方式。

中国的企业所得税是指对中华人民共和国境内的企业（居民企业及非居民企业）和其他取得收入的组织以其生产经营所得为课税对象所征收的一种所得税。企业应纳所得税额的计算方式是当期应纳税所得额乘以适用税率。由于我国的会计准则和企业所得税法的规定存在差异，企业的应纳税所得额与企业的会计利润总额往往不尽相同，应纳税所得额是在会计利润总额的基础上增减纳税调整项目金额得到的。一般而言，企业（尤其是上市企业）倾向于多报会计利润以便从资本市场获取更多的股权融资和债权融资，因此，在避税时会优先选择不影响企业会计利润的避税方式。比如利用会计准则和企业所得税法的不同规定扩大会计利润总额与应纳税所得额之间的差异，亦或通过政治游说或在低税率的行业和地区开展经营等方式获取更低的法定适用税率，我们在本书中将所有不影响会计利润总额的避税方式统称为“账税差异避税”。这些看似没有成本的做法，会扩大会计利润总额和应纳税所得额之间的差异（简称“账税差异”），或者降低企业所得税占税前利润的比例（即有效税率），而扩大的账税差异和过低的有效税率可能招致更高的监管风险和舆论关注。Lennox et al.（2015）利用中国税务机关内部数据研究发现，具有较低有效税率、较大账税差异的企业更容易受到中国税务机关的审计。媒体和舆论对企业纳税问题的关注也往往是由企业纳税额度与企业盈利不匹配引起的。因此，企业采用“账税差异避税”，看似不知不觉、成本低廉，实则有迹可循，在当今税收监管和舆论关注的双重压力下可能引起更高的边际成本。另一种更加隐蔽的避税方式是通过同时减少应税利润和会计利润的方式减轻税收负担，比如“推迟确认收入”或“虚列费用”等。尽管这种避税方式会对企业的会计利润造成不良影响，在资本市场压力较低（比如：非上市企业、盈利情况好的上市企业）和预期所得税税率大幅降低的情况下，这种方式“隐蔽性高”带来的边际收益可能超过其边际成本而成为企业更好的选择。本书将这种避税方式称为“账税一致避税”，也是本书的研究重点。

1.1.2 研究意义

研究“账税一致避税”具有较强的理论意义和现实意义。迄今为止，由于文献广泛使用的避税度量指标的限制，大部分理论研究针对的都是企业“账税差异避税”行为。现有文献广泛使用的避税指标有账面有效税率（GAAP ETR）、现金有效税率（Cash ETR）、账税差异（BTD）及它们的各种变体。GAAP ETR 的基本计算方式是所得税费用总额除以税前利润。企业所得税费用总额包括当期所得税费用和递延所得税费用，因此，这一度量方法无法反映企业利用暂时性差异延迟支付所得税的避税行为。它的分子是基于应税利润计算的（加上递延所得税费用），分母是账面利润，因而大致反映了企业应税利润和账面利润之间的永久性差异。Cash ETR 的基本计算方法是企业缴纳的现金除以税前利润（较近的研究使用经过调整的税前利润做分母）。由于 Cash ETR 的分母也是税前利润，其度量的也是给定税前利润的情况下企业的避税程度，因此，反映的也是企业的“账税差异避税”行为，与 GAAP ETR 的不同之处在于 Cash ETR 反映了企业应税利润和账面利润之间的暂时性差异和永久性差异。BTD 是税前利润与估算出的应税利润之差，顾名思义，该指标反映的也是企业的“账税差异避税”行为，与 Cash ETR 相似，BTD 反映了应税利润和账面利润之间的暂时性差异和永久性差异。可见，现有理论研究广泛使用的避税指标度量的都是企业“账税差异避税”程度，得到的研究结论针对的也是企业“账税差异避税”行为，对企业“账税一致避税”行为鲜有探索。

我们目前仅查阅到三篇文献提到了度量“账税一致避税”程度的可能指标：第一个被提出的度量指标是现金所得税与经营现金流的比例，但这一指标仅在脚注中被提及（Hanlon and Heitzman，2010），并未被运用于实证检验；第二个被提出的度量指标是账税一致的税务审计调整项目占销售收入的比例（Chan et al.，2010），使用税务调整数据尽管准确性更高，但可能存在选择性偏误，同时由于数据可得性的限制无法广泛使用，另外该文献尽管将企业避税行为明确区分为“账税差异避税”和“账税一致避税”，研究重点仍然是“账税差异避税”；第三个就是 Badertscher et al.（2016）提出的度量指标，这是第一篇将企业避税行为区分为“账税差异避税”和“账税一致避税”并对“账税一致避税”进行系统研究的文献，因此，也是本书重点关注的参考文献。

尽管理论研究较少涉及，现实中企业却常常通过“账税一致”的方式进行避税，比如“推迟确认收入”或“虚列费用”等。比如，据《中国税务稽查年鉴2014》披露，在对南京某汽配商场有限责任公司2006—2011年期间涉嫌逃避缴纳税款的情况进行立案检查时发现该公司在账簿上不列、少列收入，多列支出的违法事实，追缴企业所得税1695万元，罚款1684万元，并按规定加收滞纳金。这一现象并非个案，同样据《中国税务稽查年鉴2014》披露，在对北京某医药设备有限公司2005—2011年纳税情况的检查中发现该公司存在不列、少列收入，进行虚假的纳税申报隐匿收入的偷税行为，应补缴增值税53.85万元，应补缴企业所得税20.25万元。除了在非上市企业普遍存在，“账税一致避税”现象在资本市场压力相对更大的上市企业也存在。比如财政部在2011年发布的会计信息质量检测公告（第二十一号）中提到，2009年益佰制药（600594）少缴各项税款567万元。其中，公司将2008年销售收入1416万元推迟计入2009年，将2009年销售收入1730万元推迟计入2010年；2009年无依据预提产品监测费8481万元，并从中违规列支市场费用、应急费等支出。类似的案例在税务稽查涉税违法案件公告和财政部会计检查结果中不胜枚举，可见“账税一致避税”行为在企业实践中大量存在，理论研究只关注账税差异避税未能完整反映企业在现实中的避税行为。基于以上原因，对企业“账税一致避税”行为进行研究不仅具有较强的理论意义，也具有重要的现实意义。

1.2 基本概念界定

1.2.1 避税

企业避税问题一直是会计领域的研究重点之一，相关文献可谓汗牛充栋，学者们对避税的定义也不尽相同。有的文献直接通过使用的度量指标定义避税，比如Dyreng et al.（2008）将避税定义为任何降低企业长期现金有效税率的行为。用度量指标定义避税的的优势在于清楚明确、针对性强，不足在于可能因为所使用的度量指标的局限性而流于刻板，难以举一反三。另一种方式则是通过文字描述进行定义，不直接与度量指标挂钩。这种定义方式突破了度量指标的局限、涵盖面更广，因此，我们在本书中采用文字描述的方式进行定义。目前学界广泛接受的避税的文字定义大致可以分为两种。第一种如 Dyreng et al.（2010）将避税定义为“一切在税前利润的基础上减少企业税收的行为”，尽管表述形式不同，这一定义本质上与 Dyreng et al.（2008）保持了一致，都是以税前会计利润作为给定基础判断和度量企业避税行为，因此，识别的是不影响税前会计利润的避税行为，无法有效识别减少企业税前会计利润的避税行为，我们将这种定义视为狭义的避税定义。第二种如 Hanlon and Heitzman（2010）将企业避税行为广泛地定义为“一切降低企业显性税收负担的行为”，这一定义方式未将企业税前会计利润视为给定的基础，只要能降低企业所得税税收的行为均归为避税行为，因此，既包含了不影响企业税前会计利润的避税行为，又包含了会减少企业税前会计利润的避税行为，我们将这种定义视为广义的避税定义。本书借鉴广义的避税定义，将避税定义为负有所得税纳税义务的企业通过一切方式有意降低企业显性税收负担的行为。

按照避税程度和法律后果不同，企业的避税行为可以分为“合理节税”“合法避税”和“非法逃税”。“合理节税”指纳税人依据税法规定的优惠政策，采取合法手段最大限度地采用优惠条款以达到减轻税收负担的合法经济行为。“合法避税”指纳税人利用税法漏洞通过财务安排和税收筹划等手段在不违反税法的前提下达到减轻税收负担的目的。“非法逃税”则指纳税人通过欺骗、隐瞒手段进行虚假纳税申报或者不申报以逃避缴纳税款的违法行为。由于税法规定的复杂性和不完善性，合法避税和非法逃税之间的界限并不清晰，常常存在部分灰色空间，在现实中往往难以准确判断一种避税行为的合法性，因此，我们参照一般避税文献的做法，在本书中对企业的合法避税行为和非法避税行为不进行区分。

1.2.2 “账税差异避税”和“账税一致避税”

根据广义的避税定义，企业避税可以通过减少或者不影响企业税前会计利润的方式实现。按照是否影响税前会计利润，本书将企业的避税方式划分为两种。我们将所有只减少应税利润而不影响税前会计利润的避税方式称为“账税差异避税”（Non – Conforming Tax Avoidance），这种避税方式可能扩大税前会计利润（即财务报表中的“会计利润总额”科目）和应税利润（即“应纳税所得额”）之间的差异（简称“账税差异”），或者降低企业所得税占会计利润总额的比例（即“有效税率”）。我们将同时减少应税利润和税前会计利润的避税方式称为“账税一致避税”（Conforming Tax Avoidance），比如“推迟确认收入”或“虚列费用”。

类比企业的盈余管理行为，企业账税差异避税类似于应计盈余管理，执行成本较低但容易被识破。虽然与“账税一致避税”相比，“账税差异避税”能够有效避免对会计利润的不良影响，但是采用这种避税方式可能产生其他的非税成本（Non - Tax Costs）。第一，“账税差异避税”面临更大的处罚风险。税收执法部门常常根据企业的账税差异大小判断企业是否有偷税漏税的嫌疑，“账税差异避税”更容易引起他们的关注（Cloyd et al.，1996；Mills，1998；Mills and Sansing，2000；Wilson，2009；Lennox et al.，2015）。由于税法繁琐复杂且存在规定模糊的地方，税务机关具有一定的自由裁量权，一旦企业被税务机关审计，发现问题受到处罚的可能性大大增加。第二，“账税差异避税”会降低企业的会计信息质量，如盈余持续性等（Lev and Nissim，2004），并且可能引起投资者的觉察，对企业股权投资和债权投资造成不良影响（Hanlon，2005；Ayers et al.，2010）。而企业的“账税一致避税”类似于真实盈余管理。企业进行真实盈余管理可能因影响企业的真实经营而产生较大的直接成本，类似的，企业通过账税一致方式避税可能因降低企业的会计利润而影响其在资本市场上的融资能力，增加企业债务契约的违约风险。但真实盈余管理和“账税一致避税”的隐蔽性都较高，不易被识别，处罚风险较小。除了“账税差异避税”可能引起的这些隐性非税成本外，与企业不能无限度使用应计盈余管理类似，企业能使用的“账税差异避税”程度也有上限，超过这一上限只能使用“账税一致避税”。综合以上因素，在某些情况下“账税一致避税”的边际收益可能超过其边际成本，成为更具有优势的避税方式。

1.3　制度背景、研究目标、研究框架与研究方法

1.3.1　制度背景与研究目标

目前虽有外国学者对美国企业的“账税一致避税”策略进行了初步探索

(Badertscher et al., 2016),但以美国企业为研究对象得出的结论遵循的是欧美发达经济体的市场规律和理论模式。由于制度背景和市场经济发展程度的差异,相较于欧美国家,中国在经济结构、所有权性质、市场效率、监管力度和政府干预等方面均具有特殊性,而这些因素是研究我国企业行为不容忽视的重要特点。因此,我们认为仍需在中国特殊的制度环境下对我国企业"账税一致避税"行为进行系统的分析。与本书研究内容直接相关的中国制度环境特点概括起来有三个:

第一,与美国等西方发达国家相比,国有企业在中国国民经济中占有较大比重,尽管近年来随着国有股权私有化的进展,国有企业在经济中的占比有所降低,但仍然占有主导地位。比如从2003—2014年,尽管国有企业的数量在沪深两市占比从74.86%降至37.99%,其市值占比仅从86.48%降至64.36%(Wong,2016)。国有企业在融资渠道、考核标准和代理问题等诸多方面与非国有企业存在差异。融资渠道方面,我国多数企业的融资渠道比较单一,银行贷款和民间借贷仍是企业获取资金的主要来源。我国的银行体系以国家控股的四大国有银行为主体,由于国有企业与政府具有天然的"父子关系",往往能够优先获得贷款。有些企业即使经营状况差,连年亏损,出于地方保护和社会稳定等原因,仍能获得源源不断的政府补贴和银行贷款,比如近年引起社会关注的大批"僵尸企业"。因此,账面会计利润对国有企业获取融资的影响不如非国有企业大。考核标准方面,由于国有企业承担着大量的社会责任,国有企业管理层的考核体系中会计利润往往不是唯一或最重要的指标,因此,国有企业经理人对会计利润的重视程度不如非国有企业。尽管一般认为完成纳税任务是国有企业的一项考核指标,国有企业的避税动机较弱,但税务机关与国有企业确定每年的纳税任务是一个重复博弈的过程,国有企业经理人为了降低当年和日后完成任务的难度,加之对会计利润重视程度不高,有可能通过隐藏利润的方式力图降低任务额度,即采用"账税一致避税"策略。代理成本方面,国有企业由于所有者缺位,造成了扭曲的委托—代理关系,对国有企业经理人的监督不足为其提供了更大的寻租机会,对会计利润的漠视使其可能在"账税差异避税"机会受阻时大肆采用"账税一致避税策"略谋取私利。

第二,由于产权保护较弱、市场信息环境较差和投资者专业素质较低等原因,中国股市的股价同步性较大,"同涨同跌"现象严重,企业自身的信息(包括会计利润)对股票价格影响不大。通过对全球40多个国家和地区的研究显示，中国的股价同步性程度高居前两位（Morck et al.，2000；Jin and Myers，2006）。现实中我国股市也频频出现股票涨跌与经营状况相背离的情况，比如暴风科技（代码：300431）2015年上市以后在并无业绩支撑的情况下连续29个涨停。该公司2014年仅实现净利润4200元，2015年第一季度净利润亏损，同比下滑146.72%。尽管股票暴涨之后公司受到了大量媒体关注，搜狐财经甚至直接指出其业绩报告充分显示了"不具规模，营收规模赶不上竞争对手"，"净利润同比转亏，正在遭遇亏损难题"等问题①，该股后期仍然保持了强劲的增长势头，在2015年全年124个交易日共实现55天涨停。因此，使得中国上市企业，采用"账税一致避税"策略的机会成本可能整体而言比美国同类企业更低，中国资本市场压力对企业"账税一致避税"行为的抑制作用不如美国市场显著。

第三，尽管我国从计划经济向市场经济的转型已经基本完成，但各地在税收监管、政府干预程度等方面仍然存在异质性。政府在经济发展中依然扮演着重要角色，直接或间接干预企业经营的现象普遍存在。在地方政府对企业的干预渠道中，税收是一种重要的方式，因此，地方政府常常通过"约谈"等方式向地方企业，尤其是国有企业摊派纳税任务，有些地方甚至通过"补缴税"和"提前征收"等方式征收"过头税"来弥补税收缺口。各地制度环境的异质性会造成企业避税行为的边际成本在不同地区存在差异，进而促使企业选择差异化的避税策略。

通过对中国制度背景的分析，我们认为中国企业（包括上市企业）采用"账税一致避税"策略的成本相较于欧美等西方国家可能更小，其影响因素和经济后果也不尽相同。具体而言，本书针对上述制度环境特点，拟就以下问题作出回答：

第一，在中国特殊的制度背景下，上市企业和非上市企业"账税一致避税"程度是否存在系统差异？如果存在差异，哪些费用项目更可能成为企业实施"账税一致避税"策略的渠道？2008年我国进行了税制改革，企业法定所得税税率从33%降至25%，这一变化对我国企业"账税一致避税"策略是否造成显著影响？其影响在非上市企业和上市企业之间是否存在程度上的系统差异？企业所有权性质对这种影响是否有调节作用？

第二，在中国特殊的制度背景下，除了资本市场压力，影响上市企业"账税一致避税"程度的外部因素还有哪些？资本市场压力对中国企业"账税一致

① 搜狐公众平台财经栏目：http：//mt. sohu. com/20150714/n416740806. shtml.

避税”程度的影响是否体现出与美国不同的特点？企业“账税一致避税”和“账税差异避税”策略在这些外部因素影响下的互动关系是怎样的？结合我国企业的所有权类型特征，这些影响在国有控股企业和非国有控股企业之间是否存在差异？

第三，在综合考虑企业“账税一致”和“账税差异”这两种避税策略时，中国上市企业避税程度与未来经营绩效，比如盈利能力、资产利用率、杠杆效应等呈现怎样的关系？这些关系是否具有持续性？结合中国国有企业占比高，投资者保护较弱的制度特点，企业产权性质和治理情况对避税和未来经营绩效之间的关系是否存在显著影响？

1.3.2 研究内容与研究框架

在我国税务监管日趋严格的背景下，基于避税的边际成本与边际收益之间的权衡，本书以更隐蔽的避税策略“账税一致避税”策略为对象，构建了系统的可扩展的企业避税策略研究框架。我们从企业采取“账税一致避税”策略的经济动因入手，依次研究了资本市场压力、税率变化、外部监管和政府干预对企业“账税一致避税”程度的影响，然后综合考虑企业“账税一致避税”和“账税差异避税”这两种策略，使用杜邦分析法考察了企业整体避税程度与企业未来经营绩效之间的关系。本书各章的研究内容安排如下：

第1章为导言部分。本章首先阐述了本书的研究背景、研究意义，其次对“避税”“账税差异避税”和“账税一致避税”等基本概念进行了界定，然后总结了本书的研究目标、研究内容、研究框架和研究方法，最后对文章的创新点和主要贡献进行了说明。

第2章为文献综述。本章首先从目前广泛使用的企业避税度量指标、避税的经济动因和避税的经济后果等方面对现有避税文献进行了整体的归纳，然后具体分析了与本书研究内容联系最密切的两方面文献，即“避税动机引起的盈余管理”和“上市企业与非上市企业避税差异”。

第3章为理论基础。本章详细介绍了 Allingham - Sandmo 的税收遵从理论（1972）、Schole - Wolfson 有效税务筹划理论（1992）和委托—代理理论（Jensen and Meckling，1976），并阐述了这三大理论与本书研究的逻辑关系，奠定了本书的理论基础。

第4、5、6章为本书的实证研究部分。第4章标题为“资本市场压力、税制改革与企业‘账税一致避税’”。本章以2003—2013年工业企业数据库数据和沪深两市A股非金融类上市企业为样本研究了中国企业的“账税一致避税”行为。本章首先检验了资本市场压力对企业“账税一致避税”程度的影响，研究结果表明资本市场压力会产生较强的抑制作用，因此非上市企业的“账税一致避税”程度显著高于上市企业。然后我们使用2008年中国税制改革作为外生冲击，采用双重差分的方法研究了在预期适用税率大幅降低时，非上市企业与上市企业“账税一致避税”程度是否存在差异，发现非上市企业会更大程度的使用“账税一致避税”策略推迟缴纳所得税，但国有控股的非上市企业这种动机较其余非上市企业更弱，即所有权性质对这种避税行为有调节作用。

第5章标题为“外部监管、政府干预与企业‘账税一致避税’”。本章重点研究了中国上市企业“账税一致避税”情况，以2003—2014年沪深两市A股非金融类上市企业为样本，实证发现中国上市企业的“账税一致避税”程度存在差异。上市企业“账税一致避税”程度不仅受到资本市场压力的影响，还受到外部监管和政府干预的影响。按照企业产权性质分组检验发现，非国有企业“账税一致避税”程度主要受到资本市场压力的影响，而国有企业“账税一致避税”程度主要受到外部监管和政府干预的影响。具体而言，国际四大会计师事务所审计、较高的地区税收征管强度以及较低的政府干预程度促使国有上市企业更多地采取“账税一致避税”策略。

第6章标题为“企业避税和未来经营绩效——杜邦分析法”。本章研究了同时考虑“账税一致避税”和“账税差异避税”这两种策略时，中国上市企业避税程度与未来经营绩效的关系。我们以2007—2014年沪深两市A股非金融类上市企业为样本，实证发现企业避税与未来税前资本回报率、税前净经营资产回报率和税前经营资产回报率显著正相关，并且这种相关关系随着时间减弱。使用杜邦分析法，我们发现企业避税尽管提高了盈利能力（与税前营业利润率显著正相关），但降低了资产利用率（与资产周转率显著负相关），同时与税前财务杠杆效应和税前经营负债效应呈现出微弱的负相关关系。按照企业产权性质分组检验发现，企业避税对国有企业盈利能力的提高效应和资产利用率的降低效应更强。按照机构投资者持股比例分组检验发现，企业避税对机构持股比例较高的企业（即治理较好的企业）盈利能力的提高效应更强。

第7章为研究结论部分。本章首先总结了全书的主要研究结论，然后指出了本书的研究局限和今后进一步的研究方向，最后提出了相关的政策建议。

本书的研究框架如图1－3所示。

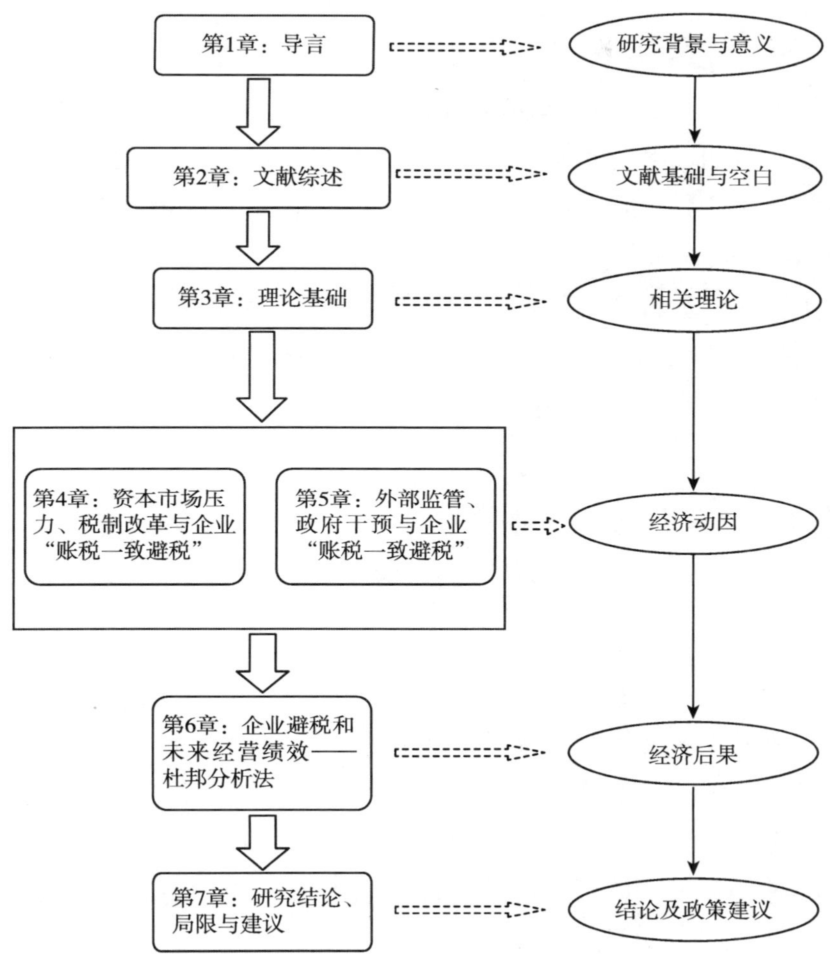

图1－3 研究框架图

1.3.3 研究方法

本书采用规范分析与实证检验相结合的方法展开研究。规范分析提供了理论基础和研究方向，实证检验构成了检验方法和研究主体。

（1）规范分析

具体而言，第1、2、3、7章以规范分析为主，综合采用归纳法和演绎法；

第4、5、6章虽然以实证检验为主，规范分析仍具有不可或缺的作用，在研究假设的提出部分均使用规范分析法，为其后研究假设的实证检验部分提供了必不可少的基础和方向。

（2）实证检验

本书第4、5、6章均采用大样本面板数据进行实证分析，综合采用描述性统计分析、pearson相关性分析和多元回归分析等方法，在进行多元回归时均控制了年度和行业的固定效应，并对企业个体进行了异方差修正。另外，第3章在选择非上市企业样本时按照年度行业和公司规模进行了匹配分析，进行组间差异检验时采用了方差分析法，以2008年税制改革做为外生冲击进行事件研究时采用了双重差分的方法。本书力图通过多种计量经济学方法的综合使用保证研究结论的稳健性。

1.4　主要创新

目前研究企业避税的会计文献对企业避税行为是否影响会计利润往往不进行区分，文献中广泛使用的度量指标只能反映企业“账税差异避税”程度，对企业“账税一致避税”行为缺乏关注。然而，仅用“账税差异避税”指标考察企业整体的避税程度有以偏概全之嫌。本书在对这两种避税行为进行区分的基础上，对企业避税行为的考察更加全面，得出的结论也更有针对性。本书的创新点和研究贡献总结如下：

第一，我们初步探索了可以广泛使用的衡量中国企业“账税一致避税”程度的指标，为研究中国企业避税行为提供了新的视角，同时考虑“账税一致避税”和“账税差异避税”为研究企业避税策略提供了更加完整的框架，为文献中提出的企业“避税不足之谜”提供了新的可能解释，为考察企业避税对企业价值和未来经营绩效的影响提供了新的探索方向。

第二，我们的发现丰富了对国有企业避税策略的认识。尽管一般认为完成纳税任务是国有企业的一项考核指标，国有企业的避税动机较弱，但税务机关与国有企业确定每年的纳税任务是一个重复博弈的过程，国有企业经理人为了降低日后完成任务的难度，加之对会计利润重视程度不高，有可能通过隐藏利润的方式力图降低任务额度，即采用“账税一致避税”策略。我们用“账税一致避税”指标发现，尽管国有企业较少采用“账税差异避税”，它们在外部监管较强的时候会采用“账税一致避税”策略。

第三，Badertscher et al.（2016）仅考虑了资本市场压力这一外部因素对上市企业“账税一致避税”的影响，而我们依据中国特殊的制度背景，进一步将研究范围扩展到了独立审计师、税收监管和政府干预等外部力量，得出了与美国不同但是符合我国制度背景的研究结论，丰富了对企业“账税一致避税”经济动因的认识。

第 2 章　文献综述

企业避税一直是学术界的重点话题之一，经济、法律、财政、金融等学科领域均不乏对企业避税问题的研究。自 Schole - Wolfson 有效税务筹划理论框架（1992）提出以来，研究企业避税的会计文献蓬勃发展，使其从一个不被传统会计研究重视的领域转变成仅次于财务会计的热门领域，相关文献可谓汗牛充栋。本章以会计领域的避税文献为主，首先总结了目前广泛使用的企业避税度量指标，然后归纳出现有文献中提到的主要的避税经济动因和避税经济后果，并具体分析了与本书研究内容联系最密切的两方面文献，即“避税动机引起的盈余管理”和“上市企业与非上市企业的避税差异”，最后就现有文献的现状和不足进行了评述，并结合中国的制度背景总结了本章的研究。

2.1　避税的度量指标

现有文献中存在大量的避税度量指标，其中使用最广泛的大致可以分为三类，即有效税率（Effective Tax Rate）、会计—税收差异（Book - Tax Differences 简称“账税差异”）和操纵性避税指标（Discretionary Measure of Tax Avoidance）。这些指标的共同点在于它们度量的是企业“账税差异避税”程度，得出的结论针对的也是企业“账税差异避税”行为，对企业“账税一致避税”行为缺乏关注。避税的度量指标虽然众多，但没有任何一种适用于所有的研究情形（Hanlon and Heitzman，2010），因此学者需要根据具体的研究问题谨慎选择相应的度量指标。

2.1.1　有效税率

研究企业的避税问题，最准确直观的数据来源应该是企业的纳税申报表，然而纳税申报表一般情况下仅向税务机关提交，不向公众公布，因此仅有少数学者可以通过特殊渠道获得，而且往往样本量较小。由于纳税数据不易获取，学者们一般转而求其次，通过企业公开的财务报表中所得税费用等数据对企业避税程度进行估算。文献中最早提出的常用避税指标之一是账面有效税率（Phillips，2003；Rego，2003）。账面有效税率（GAAP ETR）的基本计算方法是企业所得税费用总额除以税前利润，度量了企业每单位利润中所得税的比例。企业所得税费用总额包括当期所得税费用和递延所得税费用，因此这一度量方法无法反映企业利用暂时性差异延迟支付所得税的避税行为（比如利用加速折旧法避税），而且可能受到准备金变化等非税务筹划决策的影响。账面有效税率较适用于研究税收项目对会计报表的影响，用来度量企业的避税程度则存在一定的偏误。针对这些不足，文献中提出了另一个度量指标，即现金有效税率（Dyreng et al.，2008）。现金有效税率（Cash ETR）是企业缴纳的现金所得税占经过调整的税前利润的比例，计算这一指标常常使用多期（一般是 3 年或 5 年）的平均值来缓解分子分母可能期限不匹配的问题，也可以减少短期波动的影响。与平均有效税率相比，现金有效税率不仅反映了企业应税利润和账面利润之间的暂时性差异和永久性差异，而且不会受到准备金等项目变化的影响。有效税率的计算还有很多变体，比如分母中使用现金流替代税前利润，或者对税前利润进行调整等等（吴文锋等，2009）。然而，不论是有效税率、现金有效税率还是它们的各种变体，其分母的计算方法都是基于会计利润的，因此，这些指标度量的都是以会计利润作为基准的企业避税行为，大致反映了企业应税利润和会计利润之间的差异，因此这些都是衡量企业"账税差异避税"的指标。如果一个企业没有财务报表压力（比如非上市企业），可以通过同时低报会计利润和应税利润的方法实现显性税率的降低，而这种避税策略无法通过上述避税指标识别。因此，当研究对象面对不同程度的财务报表压力时，仅仅根据有效税率推断企业整体的避税程度有以偏概全之嫌。

2.1.2　会计—税收差异

另一类大量使用的避税指标是会计—税收差异，简称账税差异（Book - Tax Differences），账税差异是税前利润与估算出的应税利润之差（Mills，1998；Desai，2003）。尽管因为会计准则与税法的规定往往存在差异，而且存在税收优惠和税收抵免，账税差异并不必然反映企业的避税行为，但高于一般水平的账税差异往往被视为企业避税行为的体现。使用这一指标度量企业避税行为的缺陷在于并不能有效区分较大的账税差异是激进的财务报告行为（盈余操纵）造成的，还是激进的避税行为造成的。Manzon and Plesko（2002）分析了账税差异产生的主要原因，发现除了制度和经济因素外，企业避税也是影响因素之一。Desai（2003）通过实证研究证明了企业避税行为会导致账税差异扩大，并将不断增长的账税差异视为企业避税行为日趋激进的证据。账税差异反映了企业应税利润和会计利润之间的暂时性差异和永久性差异。有的学者进行了更仔细的划分，将其中的永久性差异分离出来作为企业避税的度量指标，因为大量的实例研究表明企业采用的税务筹划方案往往能产生永久性账税差异，而非暂时性差异（McGill and Outslay，2004）。然而也有学者发现暂时性差异更能体现企业的避税行为，比如 Wilson（2009）尽管认为暂时性差异和永久性差异都能反应企业的避税行为，但在他的研究样本中仅暂时性差异有显著结果。虽然存在争议和缺陷，一般而言“账税差异”还是被视为企业避税程度的度量指标之一。顾名思义，这一类指标度量的也仅仅是企业的“账税差异避税”程度，而忽视了企业的“账税一致避税”行为，难以准确比较不同企业之间整体的避税程度差异。

2.1.3 操纵性避税指标

还有一些文献使用操纵性（“异常”）指标度量企业的避税行为，类似于 Jones（1991）中用操纵性应计度量企业的盈余管理行为。针对账税差异不能有效区分盈余操纵和企业避税的缺陷，Desai and Dharmapala（2006）提出使用异常账税差异作为企业避税的度量指标。该指标是用总的账税差异对总应计进行回归得到的残差，这一方法可以剔除盈余管理行为对账税差异的影响，更加准确地测度企业的避税程度。类似的，Frank et al.（2009）使用 PERMDIFF 中的可操纵部分表示企业的避税程度，处理方法是通过解释变量控制账税差异中不被企业避税行为影响的部分，模型的残差即为受到企业避税行为影响的可操纵部分。其中，PERMDIFF 本质上是有效税率和法定税率的差值与企业税前利润的乘积。Badertscher et al.（2016）提出的“账税一致避税”的测度方法也采用了异常值度量，他们用企业当期支付的所得税与上期期末总资产的比例对企业总的账税差异等指标进行了回归，相当于剔除了账税差异避税策略的影响，残差即为企业的“账税一致避税”程度，这是目前鲜有的专门衡量企业“账税一致避税”的度量指标。这些操纵性避税指标也存在共同的潜在问题。尽管税收会影响企业各方面的决策，但并非总是最重要的驱动因素，在理论上缺乏有效税率和账税差异的结构方程模型的情况下，难以确定哪些因素应该包括在模型的控制变量中作为不受企业避税行为影响的部分，哪些因素应该留在残差中做为被避税行为影响的部分。

综上所述，目前使用最广泛的避税度量指标如账面有效税率（GAAP ETR）、现金有效税率（Cash ETR）和账税差异（BTD）等在基本形式之外均有较多的变体存在，但其根本都是度量企业账税差异避税的指标（Badertscher et al.，2016；Hanlon and Heitzman，2010），因此，现有研究的结论大部分针对的是企业的“账税差异避税”行为，缺乏对企业“账税一致避税”行为的专门考察。

以下我们将单独讨论与本书研究内容直接相关的两方面文献，分别是“上市企业与非上市企业避税”和“避税动机引起的盈余管理”。

2.2　避税的经济动因

大量文献对影响企业避税的因素做了系统性探索，并得出了丰硕的研究成果，我们拟从企业特征、股权激励和公司治理、企业高管和社会网络、外部监管、产权性质与政治关联这五个方面加以总结。

2.2.1　企业特征

早期的研究集中于企业自身的特征与避税行为的关系，这些特征有的体现了企业避税的客观机会，有的代表了企业避税的主观意愿，一篇文献一般兼而有之。比如 Gupta and Newberry（1997）通过研究 1986 年美国税制改革前后微观企业的面板数据发现，账面有效税率与企业资本结构、资产组合、经营绩效等企业特征有关。Rego（2003）研究发现，大型跨国企业比仅在国内经营的企业的有效税率更低，且外国业务越广泛，有效税率越低，说明规模经济效应在税务筹划领域也存在。Lisowsky（2010）研究发现，当企业在避税天堂有子公司、有海外收入来源、有不一致的会计和税收处理方式、有诉讼损失、盈利能力较强、规模较大时，采取避税手段的可能性更大，而企业有较高的杠杆率时，采取避税手段的可能性更小。近年来的研究将企业特征从企业自身进一步拓展至企业与利益相关者的关系，比如供应商和客户，较近的研究有 Cen et al.（2017），他们发现拥有紧密的客户——供应商关系的企业更易于通过供应链找到并实施避税策略，比如占主导作用的客户和依附于他们的供应商均比其余企业避税更多，并且是通过将利润转移至“避税天堂”实现的，说明避税是供需双方从紧密关系中获利的重要来源之一。由于学界一般默认企业都有较强的动机进行避税，侧重讨论企业客观避税机会的文献较多，但也有文献侧重考察了企业避税的主观意愿，比如 Edwards et al.（2016）考察了融资约束对企业避税程度的影响，由于企业的避税行为能够产生更多的自由现金流，他们发现不管是公司层面的还是宏观层面的融资约束增加，均会增加企业避税，而且这种效应在现金持有较低的企业中更加明显。另有一些文献关注了进行税务筹划的企业表现出的特征，比如 Wilson（2009）研究发现，积极采取避税手段的企业有更大的账税差异，其财务报表也比较激进；他进一步研究了这些避税手段到底是出于股东的财富创造效益还是经理人机会主义，发现在公司治理机制良好的情况下，税收规避企业显示出正的异常收益率，说明这种情况下企业避税是出于财富创造动机，当公司治理机制不好时这种效应被削弱。

2.2.2 股权激励和公司治理

随着 Jensen and Meckling（1976）的委托—代理理论被学者们引入避税研究（Slemrod，2004；Crocker and Slemrod，2005 ；Chen and Chu，2005），影响企业避税活动的因素也被进一步扩展了。与个人避税活动相比，企业避税活动的特点是两权分离可能带来的代理问题。如果避税活动可以创造价值，那么股东应该通过合理的薪酬设计将管理者的利益与股东的利益统一起来，即采取税后指标进行绩效考核。Philips（2003）通过问卷调查发现根据税后利润考核经理人能够降低企业的有效税率。然而，避税活动有合法避税也有非法避税，非法避税不仅不能为股东创造价值，还会损害股东利益，而股东往往缺乏足够的信息对两者进行区分，主管税务的经理人则有这方面的私人信息，因此，薪酬激励最好能够既鼓励合法避税，又抑制非法避税。Crocker and Slemrod（2005）发现在薪酬的驱使下 CFO 在合法避税之外可能同时进行非法避税，最佳薪酬安排应该能够减少企业非法的避税行为。他们总结出最佳薪酬安排应该具有的特征，并发现了针对逃税的处罚施加于税务经理人比施加于股东更能有效的减少企业避税现象，具有较强的政策意义。Desai and Dharmapala（2006）、Desai et al.（2007）从另一个角度拓展了企业避税中的代理问题。在不考虑经理人挪用公司资源和公司避税共同发生的情况下，高额的股权激励能加强经理人和股东利益的一致性，因此，避税行为能够增加企业的价值。然而现实情况中由于避税行为会降低企业的透明度，为经理人挪用公司资源创造更多的机会，两者呈现出互补的关系，企业内部人通过构建复杂的组织结构以促进同时降低企业税收和挪用公司资源的交易实施。高额的股权激励能够减少经理人的这种自利行为，因此，他们的避税行为也会随之减少，当这种效应比通过避税增加企业价值的效应更大时，企业的整体税率反而会增加，因此，经理人股权激励与企业避税呈现出负向的相关关系。在进一步的截面分析中，他们发现这种负相关关系仅存在于公司治理机制较差（股东权利较弱和机构持股较低）的情况下。国内学者也从代理理论的视角研究了公司治理和企业避税之间的互动关系，得出了类似的结论（陈冬和唐建兴，2013；叶康涛和刘行，2014；陈骏和徐玉德，2015）。

尽管 Desai and Dharmapala（2006）、Desai et al.（2007）得出了富有开创性的结论，他们也在假设前提和理论推演等方面存在以下不足：第一，他们的模型假设避税和经理人挪用企业资源存在互补关系的一个重要前提是避税引起的复杂交易会降低企业的信息透明度，进而为经理人挪用公司资源提供便利，然而 Gallemore and Labro（2015）发现避税与高质量的信息环境正相关，与 Desai and Dharmapala（2006）的前提假设相反；第二，他们忽视了股权激励也是一种公司治理机制，是董事会为了减少代理问题而制定的，具有一定的内生性；第三，在公司治理较差的情况下，经理人可能通过控制董事会而给自己更多的股权激励，同时他们也可以更方便地挪用避税带来的经济利益，因此也更有动机进行避税活动，按照这一逻辑，治理机制较差的企业也可能出现股权激励越高、避税越激进的情况，与公司治理机制好的企业表现一致；第四，他们没有考虑到股权激励本身也是一种避税手段，Seidman and Stomberg（2012）发现具有高股权激励的企业再难以从更多的避税活动中获利，Desai and Dharmapala（2006）发现的高股权激励与避税之间的负相关关系其实是“税收耗尽（Tax Exhaustion）”的结果。

受 Desai and Dharmapala（2006）、Desai et al.（2007）的启发，一系列文献直接检验了公司治理机制与企业避税的关系，发现的结论却不尽相同。Minnick and Noga（2010）分别用多个指标代表公司治理情况和企业避税程度，研究了两者之间的关系，但未能发现它们之间存在联系的证据。Rego 和 Wilson（2012）发现当管理者有较大的风险承担股权激励时，会更多的从事避税活动，但他们未能找到其余公司治理机制与企业避税存在关系的证据。Robinson et al.（2012）发现一般情况下企业审计委员会的财务专业知识与企业的税务筹划程度正相关，但当税务筹划活动被视为过于激进和风险较大时，这一关系则变为负相关。针对 Desai and Dharmapala（2006）、Desai et al.（2007）的不足和后继研究结论的不一致，Armstrong et al.（2015）从一个更传统的代理理论角度解释了公司治理机制在企业避税中的角色。他们将企业避税视为风险投资的一种，与其余投资决策一样，代理问题会使经理人选择一个偏离股东最优水平的投资（避税）水平，而各种公司治理机制（包括经理人的股权激励水平）能够共同缓解企业避税领域中的代理问题。他指出前人使用的研究方法（比如最小二乘法）只能得出公司治理机制与平均避税水平之前的关系，因此得出的结论也不一致。他们使用分位数回归发现公司治理机制只与极端的企业避税情况存在相关关系，当企业避税程度很低时，公司治理机制与企业避税呈现正相关关系，因为这时增加避税既能改善现金流，也不会带来太大的“遵从风险”；而当企业避税程度很高时，公司治理机制与企业避税呈现负相关关系，因为这时进行避税带来的风险大于收益。即公司治理机制对企业过低和过高的避税行为具有矫正作用，与公司治理机制对经理人“投资不足”和“投资过度”的纠正作用类似。Li et al.（2016）则尝试通过大样本的跨国研究解决现有文献中公司治理机制和企业避税关系结论不一致的问题，他们使用国家层面的董事会改革做为外生事件，发现随着改革之后董事会独立性的提高，企业的避税程度大幅降低，且在改革之前避税与公司价值负相关，而改革之后避税与公司价值正相关，说明董事会改革有效抑制了代理问题引起的避税，促进了增加企业价值的避税。Bird and Karolyi（2017）则使用断点回归的方法，发现在罗素指数（Russell Index）重建前后，机构投资者持股比例的上升显著降低了企业的有效税率，并且有效税率的降低是企业通过“避税天堂”进行更多的跨国税务筹划实现的。这一效应在初始治理情况较好的企业和经理人股权激励较高的企业有所减弱，说明较差的公司治理是企业“避税不足之谜”形成的原因之一。进一步研究发现，有效税率较高的企业会增加避税，而有效税率较低的企业会减少避税，说明机构投资者促使企业向避税的平均水平靠拢，与 Armstrong et al.（2015）的结果一致。

2.2.3　企业高管和社会网络

以上研究的一个共同点是仅仅关注了企业层面的特征对避税的影响，而忽视了企业中人的因素对避税的影响。Hambrick and Mason's（1984）提出的高阶理论认为企业的战略选择和企业绩效不仅取决于企业层面经济技术等因素的影响，还受到不完全理性的管理者的价值观、认知能力等因素的影响，因此在分析企业行为时还应该考虑人的影响。企业中人的因素包括企业高管的个人效应，以及人与人之间关于避税经验知识的共享和传播。第一点是高管的个人效应。早期的避税研究完全忽略了企业高管对避税的影响，其后以代理理论为基础的避税研究尽管将高管纳入了分析框架之内，但这些高管被视为完全同质的，即他们在面对企业提供的避税激励手段时会做出相同的反应。然而，企业高管由于个人经历、受教育程度、生理特征和心理因素等方面的不同，面对相同的激励会有不尽相同的反应。随着心理学、行为学方面的研究被运用到会计研究领域，高管个人效应对企业避税的影响也逐渐被学界重视。Dyreng et al.（2010）率先对这一问题进行了探索，他们发现企业高管的变动能够引起企业有效税率的显著改变，在控制其余因素之后，高管之间的避税倾向仍然体现出较大的差异，这种差异不仅在统计意义上显著，在经济意义上也十分显著，处于最高四分位和最低四分位的高管对有效税率的影响相差 11%，说明企业高管个人效应对企业避税程度具有重要影响。尽管一个典型的企业 CEO 往往并非税务专家，不了解避税策略的方方面面，不会直接参与企业的税务筹划，但他们却可以通过决定"高层的基调（Tone At The Top）"影响企业的避税行为，比如是否重视并将企业资源配置在避税方面，怎样设计税务主管的薪酬激励形式等等。进一步研究发现，企业高管在避税方面的固定效应与其余管理风格中体现的固定效应相关性大多不显著，个人特征（教育背景、年龄、性别等）对高管避税倾向也缺乏解释力度，说明造成他们避税倾向差异的不是这些常见的可观察特征，而是一些不可观测因素（专业知识、认知能力、价值观等）。针对 Dyreng et al.（2010）未能使用基本的个人特征解释企业避税之间的差异，学者使用其余的个人特征进行了尝试，较近的研究有 Law and Mills（2017），他们发现有从军经历的经理人在避税方面比其余经理人更加保守，预计平均每年多支付 100 万—200 万美金的税收，更少的通过“避税天堂”和税收准备金（Tax Reserves）进行激进的税务筹划。虽然他们未能为企业节约税收，但能通过减少财务报告的其余灰色领域给企业带来利益，比如使企业更少的成为诉讼目标，更少的进行财务重述，具有更低的总流动性应计和流动性应计等。

人的因素在企业避税中的第二点作用体现在人与人之间避税经验、知识的共享和传播。Brown and Drake（2014）率先把社会网络理论与企业避税研究结合起来，他们利用董事会连接作为企业之间联系程度的代理变量，发现一个企业与低税率企业具有的董事会连接越多，其有效税率也越低，体现出一种“传染”效应，说明避税的经验和知识会通过人之间的社会网络进行传播。截面研究发现，当企业之间在经营和战略上的相似度越高、董事会连接是通过执行董事建立的、以及企业雇佣了相同的当地审计师时，更利于避税经验知识的传播，传染效更加明显。他们的研究利用网络理论拓展了会计领域关于高管个人效应影响企业决策和绩效的研究（Bamber et al.，2010；Ge et al.，2011），从一个新的角度验证和延伸了 Dyreng et al.（2010）关于高管个人效应影响企业避税的研究。

2.2.4 外部监管

Becker（1968）首创了犯罪的经济学机制，指出是否从事犯罪活动取决于犯罪的边际成本和边际收益之间的权衡，Allingham and Sandmo（1972）将这一理论运用到避税领域，提出是否从事避税活动也取决于避税的边际成本和边际收益之间的关系。而避税的边际成本是避税行为被发现并受到处罚的可能性，它取决于税法的规定、税务机构的执行力度和其余外部监管力量的共同作用。Kleven et al.（2011）通过实验的方法研究了税收执行力度对个体纳税人的影响，他们随机抽取了 4 万个纳税人中的一半进行了全面的审计，下一年又在审计和未审计的样本中随机抽取了部分个体寄送审计通知，结果发现之前的审计和审计通知均对纳税人自行申报的收入部分产生了显著影响，而对纳税人由第三方申报的部分没有影响，说明税收执行力度对个体的避税行为具有重要作用。尽管无法直接度量单个企业面临的税收执行力度，学者们仍然尝试通过事件研究和跨国研究等方法探索税收执行力度对企业避税的影响。Desai et al.（2007）利用普京在 2000 年当选总统之后俄罗斯的税收执行力度大幅提高作为研究背景，发现在税收执行力度提高之后企业的避税行为被抑制了。范子英和田彬彬（2013）利用中国 2002 年所得税分享改革做为税收执法力度改变的自然实验，利用断点回归的方法实证发现地税局对企业所得税的执法不力导致了大范围的企业避税。Atwood et al.（2012）利用跨国数据更加系统地研究了国家的税收体系对企业避税的影响。他将税收体系的特点从三个方面进行了区分：是否要求账税一致（Book - Tax Conformity）、对全球收入征税还是仅对领土内收入征税、被感知的税收执行力度的强弱。在控制了公司特点（经营绩效、杠杆率、增长速度、是否有跨国业务等）和国家层面的其他影响因素（法定税率、盈余波动、制度因素等）后，发现国家的税收体系会显著影响企业的避税程度，在特别强调账税一致，要求全球征税和执行力度大的国家中，企业的避税活动受到了抑制。

除了法律和行政层面的监管对企业避税的影响外，会计师事务所对企业避税程度的影响也被文献所关注。会计师事务所影响客户避税主要有税务服务和报表审计这两个途径。尽管事务所可能会利用他们拥有的专业知识通过税务服务向客户兜售税务筹划产品从而促进客户避税（Maydew and Shackelford，2007；McGuire et al.，2012），它们也可能在“知识溢出”（knowledge spillover）效应的作用下，利用为客户提供审计服务获取的信息更加准确地甄别客户采用的税务处理方法的合理性，并出于诉讼风险和声誉风险的考虑对客户的税务处理方式采取更加保守的态度，进而体现出对避税行为的抑制作用（Kanagaretnam et al.，2016；Klassen et al.，2016）。因此，审计师对企业避税的影响往往是一个需要实证检验的问题。目前国内学者对这一问题也进行了探索，并得到了不一致的结果，有的支持“促进论”（魏春燕，2014），有的支持“抑制论”（金鑫和雷光勇，2011）。

2.2.5　产权性质与政治关联

我国是一个典型的转型经济体，与西方成熟的市场经济体相比，国有企业占比高，政府对经济调控程度大是突出特点。这一特殊的制度背景激励出一批具有“中国特色”的避税研究。一部分文献侧重考察了产权性质对企业避税行为的影响，但未得到一致的结论。有的研究发现国有企业在避税倾向上更加保守，承担了更多的税收负担（郑红霞和韩梅芳，2008；吴联生，2009；王跃堂等，2010；Bradshaw et al.，2012；刘慧龙和吴联生；2014；王亮亮，2014，刘行和叶康涛，2014），还有的研究发现国有企业通过游说获得更多的税收优惠，税收负担较轻（刘骏和刘峰，2014）。陈冬等（2016）在这些文献的基础上进一步考察了经济周期与国有企业避税的关系，发现在经济下行期国有企业通过减少避税为经济提供支持效应，并会在未来一两年内获得更多的财政补贴和税费返还，与政府之间呈现出“投桃报李”的关系。另一部分文献将视野从产权性质扩展到政治关联等其余政治因素方面，发现拥有政治关联能够为企业带来更多的税收优惠，降低企业税负（吴文峰等，2009；李维安和徐业冲，2013）。陈德球等（2016）将企业性质、政治关联与地区核心官员变更结合起来，发现官员变更带来的政策不确定性会增加企业的避税行为。综上所述，关于产权性质和政治关联与企业避税的研究较好地契合了我国的制度环境特点，但尚未取得一致的结论，仍有较大的探索空间。

2.3　避税的经济后果

研究企业避税的最终目的是考察企业避税带来的直接和间接的经济后果。已有文献对企业避税和企业价值的关系做了大量的探索，提出了价值创造观和价值损毁观（代理理论），对企业价值之外的其他经济后果也有所涉及。

2.3.1　企业价值和经营绩效

企业的避税行为对股东、经理人以及政府均有潜在的经济后果，现有文献关注最多的是对股东（即企业价值）的影响。避税对企业价值的影响大致可以分为价值创造观和价值损毁观（代理观）两种。在企业两权分离带来的代理问题引起学者的重视以前，避税领域的文献基本采用的是避税的价值创造观，认为企业的避税活动可以通过减少向税务机关支付的利润份额而为股东创造更多的自由现金流、增加企业的净资产、改善企业的财务状况。Graham and Tucker

（2006）发现在他们研究的 44 个样本中，每年通过税务筹划平均节省的税收相当于隐藏了规模达到总资产 9% 的利润。根据 Wilson（2009）和 Lisowsky et al.（2013）的估算，美国企业每年通过税务筹划节省的联邦所得税平均规模介于 206 万—376 万美金之间。

尽管企业避税可以节约可观的资金，由于代理问题的存在（Chen and Chu，2005；Crocker and Slemrod，2005），避税活动能否提升企业价值充满争议。避税的价值损毁观（代理观）认为，企业避税为经理人寻租提供了更多机会（Desai and Dharmapala，2006；Desai et al.，2007），尤其是在治理机制较差的企业，避税引起的代理问题给公司价值带来的不良影响可能远远超过避税本身对企业税后价值的提升作用，因此企业避税对企业价值的最终影响取决于企业的治理情况（Desai and Dharmapala，2009）。Desai and Dharmapala（2009）通过异常会计—税收差异（度量企业避税程度）和市值账面比（Market - To - Book，度量公司价值）发现企业避税和企业价值之间没有平均相关性，但这种关系存在截面差异，在机构持股比例（度量公司治理情况）高的企业，避税与企业价值显著正相关，说明在代理问题存在的情况下，仅仅将企业避税视为资源从政府向股东的转移是不够的，只有在公司治理机制良好的情况下，企业避税才能为股东创造价值。类似的，Wilson（2009）发现在公司治理机制良好的情况下，税收规避企业显示出正的异常收益率，体现出避税的价值创造作用，而当公司治理机制不好时这种作用被削弱。延续避税的代理观，Kim et al.（2011）使用大样本研究了企业避税和企业自身股价崩盘风险之间的关系，发现两者之间显著正相关，其原因在于避税为经理人寻租和坏消息的隐瞒等机会主义行为提供了工具和掩护，使其得以长期存在，当坏消息日积月累达到一个突破点时，将同时被全部暴露出来，引起股票价格的崩盘。企业避税与股价崩盘风险之间的正相关关系在企业具有较强的外部治理机制时会减弱，比如拥有较高的机构持股比例、较多的分析师跟踪和在控制权市场面临较大的接管威胁时。Balakrishnan et al.（2012）直接研究了税务筹划对企业信息透明度的影响，发现避税会提高企业的财务复杂程度，增加信息的不对称，进而影响企业的信息透明度，经理人可以通过增加税收方面的披露来缓解信息不透明的问题。避税引起的信息不透明可能导致经理人的道德风险，影响企业的投资效率，刘行和叶康涛（2013）使用中国数据研究发现，企业避税引发了过度投资，避税程度与非效率的投资额度显著正相关，并且完善的公司治理机制能够抑制这种影响。大部分研究避税和企业价值关系的文献使用托宾 Q 或者资本市场反应度量企业的价值，这种做法过于笼统，难以考察企业避税与企业基本面（负债率、盈利能力和资本利用率）之间的关系，针对这一不足，Katz et al.（2015）采用杜邦分析法发现企业避税会降低企业未来的税前会计回报率，其原因是经营资产和负债的无效率的使用。

2.3.2 其他影响

除了代理成本之外，企业避税还面临潜在的处罚风险、声誉风险和审计风险，并可能影响企业的债务成本和股权成本。处罚风险，即企业可能由于避税活动受到税收监管部门的关注和处罚，进而引起股东财富减少等一系列后果。股东财富减少有直接和间接两个渠道，第一，高额罚金和利息会降低企业的现金流，直接减少股东财富；第二，关于企业避税消息的披露可能引起资本市场的负向反应，间接减少股东的财富，比如 Hanlon and Slemrod（2009）研究发现在企业进行税务筹划的消息被媒体首次披露之后，会带来小幅度的股价下跌（1.04%），这一反应取决于投资者对企业避税程度的感知，并且在消费者导向的企业更加明显。声誉风险，指企业自身或经理人因为企业的避税行为而遭受的声誉损失。Bankman（2004）指出企业会因为激进的避税行为被视为“不良企业公民”，给其产品市场带来不良影响。然而，Gallenmore et al.（2014）用 CEO 和 CFO 变更、审计师变更、销售下滑、广告费增加、媒体关注度下降等指标度量声誉损失时，并未发现企业避税影响声誉的证据。使用二手数据考察声誉风险对企业避税的影响的缺陷在于进入研究样本的企业都是进行了税务筹划并被监管机构识破的，因顾忌声誉损失而放弃避税行为的企业无法观察到，因此 Graham et al.（2014）使用问卷调查的方法对避税和声誉的关系做了进一步探索，发现声誉机制对企业避税行为有重要影响，高达 69% 的经理人将声誉作为放弃潜在避税策略的影响因素。Austin and Wilson（2017）则通过问卷调查的方法识别出一系列客户眼中的知名品牌，发现这些品牌声誉高的企业会因为不愿招致可能损害企业品牌价值的调查而更少地采取避税行为。具体而言，他们发现企业声誉和账面有效税率及现金有效税率显著正相关，但在检验企业声誉和进行税务筹划的可能性是否存在显著的负相关关系时未能得出一致的证据。这些研究企业声誉和企业避税关系的文献共同表明两者之间存在相互影响的关系，企业避税会损害企业声誉，而在乎声誉的企业和经理人会因顾忌避税对声誉的不良影响而自觉减少避税行为。经理人追求激进的避税策略也可能增加企业的审计风险，企业的税务账户是财务报表风险的重要来源之一，计算所得税费用的复杂性和估计所得税应计项目所需的各种判断被视为可能引起财务报表重述的重要原因。Donohoe and Knechel（2014）发现企业税收激进程度与审计收费显著正相关，并且这一审计收费溢价与税收项目的复杂程度和意外公积金（Contingent Reserves）的规模有关系，说明避税行为自身会带来额外的审计风险，造成审计费用的升高。国内学者针对中国企业的研究也有类似的发现，陈冬和罗祎（2015）发现民营企业的审计费用与避税程度显著正相关，这一效应在审计师具有行业专长和企业未享受税收优惠时增强，并且仅存在于机构投资者持股比例较低的企业中，说明机构投资者是一种替代治理机制。Guenther et al.（2017）检验了避税是否会增加企业整体的风险，发现低税率比高税率的持续性更久，但常用的避税指标与未来税率的波动性和企业未来的整体风险均无显著相关性，说明企业避税一般都是通过持续性较长的策略进行的，并且不会增加企业的整体风险。他们同时也发现，现金有效税率的波动性与未来股价的波动性相关，说明企业税率的波动性会影响企业整体的风险。然而，银行认为避税企业具有更高的风险，Hasan et al.（2014）研究发现避税企业面临更高的银行存贷款利差、更严厉的贷款条约、更高的债券发行差价，并且在借贷时往往更倾向于银行贷款而不是发行债券，说明企业避税会影响债务成本。Goh et al.（2016）研究了企业避税和股权成本之间的关系，他们使用账税差异、永久性账税差异、长期有效税率度量企业避税，发现避税企业的股权成本更低，并且这种效应在外部监管环境更好、更易于从节省的税收中获取较高的边际收益、信息质量更高的企业中更强。说明由于避税能够带来正的资金效应，股权投资者一般而言愿意接受一个更低的预期回报率。综上所述，企业避税对企业价值和经营绩效、信息环境、高管声誉、审计风险，股权成本等均能产生影响。

2.4　上市企业与非上市企业避税

现有文献大多集中于企业“账税差异避税”行为而忽略企业“账税一致

避税”行为的重要原因之一可能是大部分避税研究主要对象是上市企业，而上市企业更倾向于通过不影响会计利润的方式避税，即“账税差异避税”。Penno and Simon（1986）研究发现，上市企业依赖外部资本市场进行股权融资，因此，比非上市企业更多地采用能够增加利润的会计方法。Cloyd et al.（1996）通过问卷调查发现，与非上市企业相比，上市企业的管理者更少使用“账税一致避税”方式。Mills and Newberry（2001）则通过大样本研究发现上市企业的账税差异程度显著高于非上市企业。Erickson et al.（2004）发现上市企业即使在需要多缴纳所得税的情况下，也更倾向于多报会计利润，并测算出对于多报 1 美金的会计利润，上市企业愿意多缴纳 8 美分的所得税。以上文献均表明，由于主要融资渠道不同，上市企业与非上市企业面临不同的非税成本。对于上市企业而言，资本市场压力是进行税务筹划时必须考虑的因素，上市企业采用“账税一致避税”的非税成本远远高于非上市企业，而且在避税目标和利润目标发生冲突时，上市企业往往更重视企业的会计利润，因此更倾向于采用“账税差异避税”，而不愿意使用更“昂贵”的“账税一致避税”。这些文献同时也暗示了由于非上市企业使用“账税一致避税”的非税成本较上市企业更小，它们可能更倾向于使用这种避税方式。在这些文献的基础上，Badertscher et al.（2016）使用美国数据研究直接研究了企业的“账税一致避税”行为，发现非上市企业比上市企业更多的采用这种避税策略，得出的结论与之前的研究一致。

2.5 避税动机引起的盈余管理

企业是否采取“账税一致避税”取决于这一方式的边际成本和边际收益，研究上市企业与非上市企业避税的文献从边际成本的角度关注了这两类企业的差异，而避税动机引起的盈余管理方面的文献则从边际收益的角度考察了企业进行“账税一致避税”的益处。这类文献往往以企业可能大规模采用“账税一致避税”的情景进行事件研究，比如预期所得税税率大幅下降的时候。与平时相比，预期税率即将大幅下降时，推迟缴纳所得税能够节省的税收更多，因此，企业在这种情形下采用“账税一致避税”的收益比平时更大，也更有动机采取这种避税方式。针对美国 1986 年的税制改革（税率从 46% 降低至 34%），Scholes et al.（1992）发现企业通过毛利率和销售管理费用进行跨期利润转移，Guenther（1994）利用应计项目发现了类似的现象，Maydew（1997）则通过可重复和不可重复的收入和费用项目对利润转移进行了评估。企业所采用的的这些避税方式，均属于"账税一致避税"。2008 年，我国也进行了税制改革，企业的法定所得税税率从 33% 降至 25%，尽管具体实施时，新税法使一部分企业税率升高，一部分企业税率不变，但主要作用是使大部分企业的税率降低。在我们选取的上市企业样本中，披露母公司税率降低的约占 54%，升高的约占 21%，税率不变的占 25%。针对中国的税制改革，Lin et al.（2012）发现企业会通过向下盈余管理的方式推迟缴纳所得税以实现避税目的，而在国有企业持股较多和公司内部治理机制较完善的的情况下这种行为被抑制。Lin et al.（2014）发现在税改前的 2007 年，非上市企业报表中披露的降低企业利润的应计项目大于上市企业，通过把利润从 2007 年转移到 2008 年，非上市企业在 2007 年总体节省了 8.58% 的所得税。这些文献表明，当"账税一致避税"的边际收益达到足以弥补边际成本的情况下，企业会采取向下盈余管理的手段，通过牺牲企业账面利润的方式降低企业税负。

2.6　文献评述

综合以上文献可见，目前研究中广泛使用的避税指标只能度量企业"账税差异避税"程度，仍缺乏可以广泛使用的度量"账税一致避税"程度的指标。目前仅有三篇文献对企业"账税一致避税"行为作出了初步探索，提到了度量"账税一致避税"程度的可能指标：第一个被提出的度量指标是现金所得税与经营现金流的比例，但这一指标仅在脚注中被提及（Hanlon and Heitzman，2010），并未被运用于实证检验；第二个被提出的度量指标是账税一致的税务审计调整项目占销售收入的比例（Chan et al.，2010），使用税务调整数据尽管准确性更高，但可能存在选择性偏误，同时由于数据可得性的限制无法广泛使用，这篇文献尽管将企业避税行为明确区分为"账税差异避税"和"账税一致避税"，但研究重点仍然是"账税差异避税"；第三个就是 Badertscher et al.（2016）提出的度量指标，这是第一篇将企业避税行为区分为“账税差异避税”和“账税一致避税”并对后者进行系统研究的文献。由于度量指标的限制，现有文献对企业“账税一致避税”行为缺乏关注，得出的研究结论不是仅适用于企业“账税差异避税”行为，就是将两者混为一谈。

然而，“账税一致避税”行为在企业实际经营中屡见不鲜，企业常常采用“推迟确认收入”或“虚列费用”等账税一致方式避税，理论研究只关注“账税差异避税”不能完整反映企业在现实中的避税活动，仅由这些研究结果推断企业整体的避税情况也有失偏颇。另外，“账税一致避税”和“账税差异避税”的经济动因和后果也存在差异，如果不对两者加以区分，得出的研究结论也缺乏针对性。目前虽有外国学者对美国企业的账税一致避税策略进行了初步探索（Badertscher et al.，2016），但以美国企业为研究对象得出的结论遵循的是欧美发达经济体的市场规律和理论模式。由于制度背景和市场经济发展程度的差异，相较于欧美国家，中国在经济结构、所有权性质、市场效率、监管力度和政府干预等方面均具有特殊性，而这些因素是研究我国企业行为不容忽视的重要特点。具体而言，与本书研究内容直接相关的中国制度环境特点概括起来有三点。第一，与美国等西方发达国家相比，国有企业在中国国民经济中占有较大比重，它们在融资渠道、考核标准和代理问题等方面的特点使其对会计利润的重视程度不如非国有企业。第二，由于产权保护较弱、市场信息环境较差和投资者专业素质较低等原因，中国股市的股价同步性较大，“同涨同跌”现象严重，企业自身的信息（包括会计利润）对股票价格影响不大。第三，尽管我国从计划经济向市场经济的转型已经基本完成，各地在税收监管、政府干预程度等方面仍然存在异质性。综合前两个因素，中国企业（包括上市企业）采用“账税一致避税”策略的成本相较于欧美等西方国家可能更小，更可能采用“账税一致避税”策略。而第三点，即各地制度环境的异质性会造成企业避税行为的边际成本在不同地区存在差异，进而促使企业选择差异化的避税策略。

在当今我国税收监管和舆论压力日趋增强的情况下，“账税一致避税”隐蔽性强的优势日趋突出，我们认为在中国特殊的制度环境下对我国企业“账税一致避税”行为进行全面深入的分析即能填补理论研究的空白，也对企业实践和税务监管具有启示作用，具有较强的理论意义和现实意义。因此，我们在本书中以 Badertscher et al.（2016）的度量指标为基础，根据中国的实际情况稍作修改，用来研究在中国特殊的制度背景下企业的“账税一致避税”的影响因素和经济后果，以期初步探索可以广泛使用的衡量中国企业“账税一致避税”程度的指标，为研究中国企业避税行为提供新的视角，为研究企业避税策略提供更加完整的理论框架，为文献中提出的企业“避税不足之谜”提供了新的可能解释，为考察企业避税对企业价值和经营绩效的影响提供了新的探索方向。

第3章　理论基础

本书的理论基础主要有 Allingham - Sandmo（1972）税收遵从理论，Schole - Wolfson（1992）有效税务筹划理论和委托—代理理论（Jensen and Mecking，1976）。Allingham - Sandmo 税收遵从理论是企业选择“账税一致”避税形式的理性基础；Schole - Wolfson 有效税务筹划理论为分析比较企业不同避税策略的利弊提供了全面的理论框架；将委托—代理理论融入 Schole - Wolfson 有效税务筹划理论框架有助于理解企业避税的经济动因和经济后果。本章将依次详细介绍这三个理论的主要内容以及它们与本书研究内容的关系。

3.1　Allingham - Sandmo 税收遵从理论

税收遵从是指纳税义务人遵照税收法令及税收政策的规定履行纳税义务，并服从税务部门和税务执法人员合法管理的行为。根据我国相关法律规定，税收遵从具体包括“及时申报、准确申报和按时缴纳”三个基本要求。Becker（1968）首创运用经济学机制分析犯罪行为，指出是否从事犯罪活动取决于犯罪的边际成本和边际收益之间的权衡。Allingham and Sandmo（1972）将 Becker 的理论运用到避税领域，提出纳税人是否依法纳税取决于他们进行避税或逃税行为的边际成本和边际收益之间的权衡。他们通过期望效用函数，从最简单的个人所得税的静态模型出发，分析了存在不确定性的情况下，个体纳税人是否遵从税法规定，以及在多大程度上遵从税法规定的决策过程。尽管他们分析的对象是个人所得税，但其分析框架可以拓展到其余税种，比如分析企业所得税的遵从情况。

由于在纳税申报时隐瞒收入并不必然招致处罚，因此，纳税申报是一个面临不确定性影响的决策过程。纳税人可以选择如实申报收入，也可以隐瞒部分（甚至全部）收入。当纳税人选择后者时，其境况取决于他们是否会受到税务机关的稽查。如果没有受到稽查，获得的收益就是这种逃税行为节省的税款，如果受到稽查，产生的成本是这种行为被税务机关发现时在补交税款之外遭受的额外处罚。纳税人知道自己的真实收入（W），但税务机关不知道，税务机关只根据纳税人申报的收入（X）以固定的税率（θ）征收所得税。但税务机关会按一定的比率（p）对所有纳税人进行稽查，对于被稽查的纳税人，税务机关能够查出他们真实的收入情况（W），并根据真实收入和申报收入之间的差额（W－X）征收比率为π的罚金，而且π大于θ。这里的假设与现实世界存在差距，比如忽视了其余的不确定性，如在罚款之外逃税行为还可能招致牢狱之灾，即使没有这种可能性，处罚比例π也往往是不确定的。尽管如此，这一简化模型仍是具有指导意义的分析框架。假设纳税人是风险厌恶者时，其预期效用 $E[U]=(1-p)U(W-\theta X)+pU[W-\theta X-\pi(W-X)]$。除了罚款，纳税人也可能因偷逃税行为遭受声誉损失，“声誉损失”的存在使偷逃税行为有利可图的的条件变得更加苛刻。分析推导的结果显示，尽管由于纳税人风险偏好的形式无法确定，当实际收入（W）和固定税率（θ）变化时，申报收入（X）的变化方向无法确定，但罚金比率（π）和稽查比例（p）的升高能够明确提高纳税人申报的收入（X）。因此，税务机关能够通过提高处罚力度和加强税收征管抑制纳税人的避税行为，获取更多的税收收入。

尽管税务机关能通过这两种方式抑制偷漏税，但处罚力度和稽查力度的提高也会带来更高的执法成本，考虑到成本与收益的权衡，税务机关不可能无限制地提高处罚和稽查力度。现实生活中稽查面和罚金比率常常设定的较低，以至于理性人能够通过低报无法查证的收入，高报无法查证的扣除以达到逃税目的，因为这种行为被发现和处罚的可能性太低。在 Allingham and Sandmo（1972）的基础上，Yitzhaki（1987）对个人所得税逃税被查的概率进行了研究，发现逃税概率是逃税收益的递增函数，也发现不同来源的收入被稽查的概率不尽相同，比如工资收入比兼职更容易被税务机关查到。最佳税收体系理论框架中的一个经典结论是：要实现资源优化配置，税收应该主要针对需求和供给无弹性的目标征收，而劳动力的供给是无弹性的，因此，对收入征税看似符合最佳税收体系理论，但按照税收遵从理论，所得税提供了比商品税更多的逃税机会。

借用个人所得税的税收遵从理论分析框架，企业避税动机也取决于其边际成本和边际收益之间的权衡，在避税带来收益一定的情况下，企业有动机降低其避税行为的成本。由于避税的成本受到税务机关处罚力度和稽查率的影响，而企业无法控制处罚力度，其降低成本的主要途径是避免自身成为被稽查的目标。如果税务机关按照完全随机的原则选择稽查对象，企业在这一环节也将无计可施，但事实经验和理论研究均表明，出于成本收益的考虑，税务机关选择稽查对象的过程并不是随机的，他们往往将具有某些特征的企业列为问题企业重点检查。大量西方研究发现，企业会计利润和应税利润之间的差异（“账税差异”）是税务部门判断企业是否有偷漏税嫌疑的重要特征（Cloyd et al.，1996；Mills，1998；Mills and Sansing，2000）。Lennox et al.（2015）利用中国税务机关内部数据，发现这一现象也适用于中国，具有较低有效税率、较大账税差异的企业更容易受到中国税务机关的审计。因此，企业若想实现避税成本的降低，应该采用同时降低会计利润和应税利润的方式。这种避税方式基本不会造成有效税率和账税差异等指标的变化，因此更加隐蔽，不易被税务机关识别，能够在节约税收支出的同时降低企业自身被稽查的可能性。这种更隐蔽的企业避税方式就是本书重点研究的企业“账税一致避税”。可见，Allingham - Sandmo 的税收遵从理论是企业可能从貌似成本更低的“账税差异避税”策略转向隐蔽性更强的“账税一致避税”策略的理性基础。

3.2 Schole - Wolfson 有效税务筹划理论

虽然 Allingham - Sandmo 税收遵从理论的结论可以从个人避税行为扩展到企业避税行为，但企业是一种正式的经济组织，具有复杂的组织结构和广泛的经营活动，对其避税行为的分析还需要更加全面的理论框架，而 Schole - Wolfson 有效税务筹划理论正好提供了这一框架。有效税务筹划理论（Effective Tax Planning）由 Scholes 和 Wolfson 于 1992 年在《税收与企业战略》（Taxes and Business Strategy - A Planning Approach）一书中首次提出，从微观经济学的角度分析了企业税务筹划可能对企业产生重要影响的情况，并提供了分析税务筹划如何影响企业各项决策的理论框架。这一理论框架的提出激励了一批研究税收问题的会计文献，使其从一个不被会计研究重视的研究领域转变成仅次于财务会计，能与管理会计和审计并驾齐驱的热门话题。

Schole – Wolfson 有效税务筹划理论框架主要围绕三个概念主题提出，即“所有的交易方”“所有的税收”和“所有的成本”。“所有的交易方”指有效的税务筹划要考虑目标交易对涉及的所有交易者的税收影响；“所有的税收”指税务筹划者进行投资和融资决策时，不仅要考虑显性税收（直接支付给税务机关的税款），也要考虑隐性税收（比如享受税收优惠的资产较低的税前回报率）；“所有的成本”指税务筹划者要认识到税收只是企业成本的一种，进行税务筹划时还应考虑其涉及的其他非税成本，比如为实施税务筹划可能造成的企业重组成本。

有效税务筹划理论的三个概念主题通过交易成本这一概念形成了有机的整体。交易成本理论的思想由新制度经济学的鼻祖科斯（Ronald H. Coase）于1937年在《企业性质》一书中首次提出，其后阿罗于1969年正式使用“交易成本”这一术语，威廉姆森（Williamson，1973）则在系统研究的基础上发展了这一理论。该理论认为企业和市场是两种相互替代的资源配置机制，由于有限理性、机会主义、不确定性和信息不对称等因素的存在，仅以市场形式配置资源会带来昂贵的交易费用，而企业的出现解决了这一问题。因为企业能够将零散的生产要素和产品组成一个单位（比如组织劳动分工）参与市场交易，减少了交易中的摩擦，从而节约了交易成本。企业是一个契约的集合体，从契约的角度而言，“所有的交易方”指与企业活动有关的所有契约方，比如股东、债权人、经理人、雇员、供应商、客户、税务机关等等。在进行税收筹划时，不能仅仅考虑对企业自身的影响，还应兼顾对这些利益相关方的影响。比如当企业试图通过股利发放和薪酬支付等手段达到避税目的时，不能只关注企业自身税负的最小化，还应关注这些手段对股东和员工个人税负的影响。“所有的税收”概念中的“显性税收”指直接支付给税务机关的税款，这一点往往是企业进行税务筹划时的主要关注点。然而只考虑显性税收是不够的，因为税收与资产定价之间存在相互影响的关系，税收的存在会通过市场机制影响资产的税前价格。一般而言，投资者愿意以较低的回报率接受能够享受税收优惠的资产，即考虑税收因素之后，在达到均衡状态时市场上的税收优惠资产和一般资产给投资者带来的税后收益是一致的。税收优惠资产低于市场同类资产的税前回报率就构成了“隐性税收”。比如相对于其余债券（比如企业债券），国债虽然属于享受税收优惠的资产，但国债的利率也往往低于其余债券（当然其中也有风险因素的影响），购买国债看似节约了显性税收，其较低的利率实则构成了隐性税收。因此在进行税务筹划时，必须兼顾这两种税收负担，即考虑“所有的税收”，若因“隐性税收”难以观察和计量而不予考虑，易导致错误的决策。交易成本是一个广泛的概念，在交易成本理论中主要包括搜寻成本、信息成本、议价成本、决策成本、监督成本、违约成本等，延伸到避税领域，企业在税收筹划时也不能仅仅考虑税收成本，还要考虑其余的非税成本（Non - Tax Cost），比如财务成本、代理成本、政治成本、信息成本等，即“所有的成本”。如果仅考虑税收成本而忽略其余的非税成本，也会影响税务筹划的效果，甚至因成本大于收益而影响企业的经营绩效。

在有效税务筹划理论框架的三个概念主题中，“所有的成本”这一主题为本书的研究思路提供了理论方向。具体而言，所有成本中的“财务成本”是企业“账税一致避税”决策中需要重点考虑的非税成本。与“账税差异避税”不影响税前利润不同，“账税一致避税”的直接后果是企业税前会计利润的降低，而企业的会计利润是企业各项经营决策和与各交易方签订契约的重要基础，会计利润的降低必然对这些决策和交易产生影响。比如，对于上市企业而言，会计利润的降低常常导致企业股票价格的下滑，进而影响企业在资本市场上的融资能力；企业的债务契约大多是基于会计利润签订的，会计利润的降低可能增加负债企业的违约风险，造成融资成本的提高；企业的经营绩效是企业高管和员工绩效考核的重要内容，“账税一致避税”对收入、成本、利润的扭曲可能影响考核结果。除了“财务成本”，企业因避税行为被发现而导致的“处罚成本”也会对企业避税行为的选择产生影响。结合 Allingham - Sandmo 的税收遵从理论，这种处罚成本包括罚金和声誉受损等，在国际国内税收征管强度逐年增长的大环境下，企业若选择避税，“账税一致避税”这种更加隐蔽的避税形式导致处罚成本的概率远低于“账税差异避税”这种显性避税方式。“财务成本”对“账税一致避税”主要是抑制作用，而“处罚成本”则可能对“账税一致避税”起促进作用。因此，企业选择避税策略时应在节约的税收与这些非税成本之间进行权衡并进行相应的调整，以获取最佳的税务筹划效果：比如在面临较大的资本市场压力或借贷需求时减少“账税一致避税”，增加“账税差异避税”；在面临较强的税收征管时，减少“账税差异避税”，增加“账税一致避税”；在法定税率大幅降低之前同时增加“账税一致避税”和

“账税差异避税”等。

综上所述，Schole – Wolfson 有效税务筹划理论框架突破了传统税务筹划理论仅强调税负最小化的狭隘视角，契约和交易成本概念的引入避免了单纯关注企业自身显性税负最小化的过程中可能带来的隐性税收和高昂的交易成本，以及对其余交易方的利益侵害。以交易成本理论为指导，Schole – Wolfson 有效税务筹划理论将税务筹划纳入了整个企业组织的决策过程，使其成为公司战略的一个有机组成部分。这一理论有效拓展了会计领域税务研究的思路，为形成更加全面的分析框架打下了坚实的理论基础。

3.3　委托—代理理论

与个体纳税人相比，企业纳税人的一个突出特点是其所有权和经营权的分离，两权分离带来了高昂的代理成本，按照 Schole – Wolfson 有效税务筹划理论，“代理成本”也可以视为“所有的成本”中的一个。代理问题对企业避税行为的经济动因和经济后果均有重要影响，因此，专门研究代理问题的委托—代理理论也构成了本书的理论基础。

委托—代理理论最早由 Jensen and Meckling（1976）提出，是现代契约理论的主要内容之一。一个或多个行为主体根据显性或隐性契约雇佣另一些行为主体，按照后者提供的服务质量和数量支付相应的报酬，并授予后者一定的决策权，两者所形成的关系即为委托—代理关系，前者是委托人，后者是代理人。在早期的企业中，企业主既是企业的所有者，也是企业的经营者，不存在委托—代理问题。随着生产规模日渐扩大，分工日趋细化，企业主有限的精力和能力使其无法亲自处理企业日常经营中的所有事务，不得不将部分或全部经营事务委托给具有专业知识、经验和能力的人（职业经理人），并授予他们相应的决策权力，从而造成了所有权和经营权的分离。然而，委托人（企业所有者）和代理人（企业经营者）的目标并不一致，前者追求自身的财富最大化，后者追求薪酬福利、个人成就或闲暇时间的最大化，两者存在利益冲突。在信息对称的情况下，委托人可以根据观察到的代理人的行为进行奖励或惩罚，而在信息不对称的情况下，委托人无法直接观察和核实代理人的努力程度，代理人可以利用自身的信息优势谋求个人利益最大化而损害委托人的利益，从而产生委托—代理问题。可见委托—代理问题是由生产力发展和专业化导致的。由于信息不对称问题普遍存在，因此委托—代理问题在经济领域和社会领域均普遍存在。针对委托—代理问题，委托人必须通过有效的治理机制激励并监督代理人的行为，使其按照符合委托人利益的方式行动。

传统委托—代理理论主要关注企业所有权和经营权的分离，因为英美等发达国家企业股权结构往往比较分散，单独股东无法有效制约经理人，全体股东和经理人之间的利益冲突比较严重。企业与职业经理人之间因利益不同和信息不对称而形成的代理问题被称为第一类代理问题。在中国这样新兴加转轨的国家中，由于国有企业在国民经济中占比高和产权保护较弱等制度因素，中国企业的股权与美国企业相比往往相对集中，“一股独大”的现象屡见不鲜，上市企业往往由少数大股东控制，比如国有控股、家族控股或者企业家控股（Wong，2016）。集中的股权虽然有利于大股东对经理人的监管，但同时也为大股东侵占中小股东利益提供了方便。由于大小股东之间利益存在差异，以及小股东缺乏能力和精力监管大股东的行为，拥有企业实际控制权的大股东能够通过影响企业的各项决策“掏空”企业，形成大股东和小股东之间的代理问题，即第二类代理问题。因此，我国企业（尤其是上市企业）实则面临股东和经理人之间，以及大股东和小股东之间的双重代理问题，比欧美企业中的代理问题更加复杂。

Slemrod（2004）、Chen and Chu（2005）和 Crocker and Slemrod（2005）最早在委托—代理理论框架下分析企业避税问题。其中，Chen and Chu（2005）在标准的代理模型下研究了公司的避税行为，重点关注了管理和控制权分离带来的效率损失；Crocker and Slemrod（2005）认为企业 CFO 进行避税行为的动机受其薪酬安排的影响，在薪酬的驱使下 CFO 甚至可能采用不合法的避税行为，他们描绘出了对 CFO 的最佳薪酬安排的特征，并发现逃税惩罚施加于税务经理比施加于股东更能有效地减少避税现象。这些从代理理论角度研究企业避税的早期文献的共同假设前提是企业避税能够提高企业价值，因此，对股东（委托人）有利，由于代理问题的存在，经理人（代理人）往往不愿意主动耗费精力进行税务筹划，股东必须通过建立适当的薪酬激励机制督促经理人进行对企业有利的税务筹划。Desai and Dharmapala（2006）和 Desai et al.（2007）则从另一个角度分析了企业税务筹划中的代理问题。他们认为以自我利益为目标的企业内部人（大股东或经理人）会通过构建复杂的组织结构，促使能够帮助企业避税和挪用公司资源的交易顺利进行。在不考虑代理人寻租和企业避税共同发生的情况下，高额激励能促使代理人进行更多的对企业有利的税务筹划以增加企业价值。但现实情况中两者相伴相生，高额激励能够通过抑制代理人的寻租行为减少对企业不利的税务筹划，当这种效应超出对企业有利的税务筹划的增加效应时，企业的整体避税行为反而下降。这一富有开创性的视角激励了大批后继文献，它们与早期 Crocker and Slemrod（2005）等文献的不同之处在于它们假设经理人自身出于自利目的也有避税意愿，而这些出于经理人自利目的的避税会损害企业价值，是避税的价值损毁观的理论来源。避税的价值损毁观的引入，与避税的价值创造观一起形成了更加完整的分析企业避税行为经济后果的理论框架。值得注意的是，尽管文献中大多将股东视为委托人，经理人视为代理人，仅仅关注了第一类代理问题，但 Desai et al.（2007）在将政府视为企业最大少数股东的同时，也将企业内部人（代理人）从经理人扩展到了控股股东，兼顾了第二类代理问题，即大股东和中小股东之间的代理问题。综上所述，委托—代理理论对研究企业税务筹划行为的内在动因和经济后果均有重要的指导意义，将企业内部各契约方按照研究情境分为委托人和经理人有助于揭开企业决策的“黑箱”，为深入细致地分析各交易方在税务筹划中的角色和互动关系提供了重要的研究思路和探索方向。

3.4 本章小结

与“账税差异避税”策略相比，“账税一致避税”策略具有隐蔽性强，被处罚可能性低的特点。在国际国内税收征管逐年增强的大环境下，Allingham - Sandmo 税收遵从理论提出的根据避税边际成本和边际收益做出避税决策的思想是企业选择“账税一致避税”形式的理性基础。尽管隐蔽性较强，处罚成本较低，“账税一致避税”策略造成的企业会计利润的降低可能引起“财务成本”，给企业融资和各种契约的履行带来不利影响。Schole - Wolfson 有效税务筹划理论中关于“所有的交易方”“所有的成本”的思想为分析比较企业不同避税策略的利弊提供了全面的理论框架。现代企业所有权和经营权分离造成的代理成本也可以视为“所有的成本”中的一个，将委托—代理理论融入 Schole - Wolfson 有效税务筹划理论框架分析企业各交易方在企业税务筹划中的角色和互动作用，有助于理解企业避税的经济动因和经济后果，因此委托—代理理论也构成了本书的重要理论基础。总之，Allingham - Sandmo 的税收遵从理论、Schole - Wolfson 有效税务筹划理论和委托—代理理论从不同角度为本书的研究内容提供了理论指导，它们相互补充，彼此渗透，共同构成了本书的理论基础。

第4章 资本市场压力、税制改革与企业“账税一致避税”

4.1 问题提出

企业避税行为的规模、决定因素和经济后果一直是会计领域的研究热点。根据 Hanlon and Heitzman（2010），企业避税行为被广泛地定义为一切可以降低企业显性税收负担的行为。我们借鉴这一定义，将所有能够降低企业显性税收负担的交易都视为企业的避税行为，对其中合法和非法的部分不加以区分。由于我国会计准则和所得税法的规定存在差异，企业的应纳税所得额（应税利润）与企业的会计利润总额往往不尽相同，一般而言，应纳税所得额 = 会计利润总额 ± 纳税调整项目金额。因此，在法定税率不变的情况下，企业要实现降低显现税收的目的，有两种途径：第一种是降低企业的会计利润总额，第二种是改变纳税调整项目的数额（形成更大的账税差异）。我们将第一种方式称为“账税一致避税”（Conforming Tax Avoidance），即通过同时减少应税利润和会计利润的方式减轻税收负担，比如“推迟确认收入”或“虚列费用”。第二种方式称为“账税差异避税”（Non – Conforming Tax Avoidance），即通过减少应税利润而不影响会计利润，形成较大账税差异的方式减轻税收负担。

类比企业的盈余管理行为，企业“账税差异避税”类似于应计盈余管理，通过这种方式避税不会影响企业的会计利润，财务成本较低；而企业的“账税一致避税”类似于真实盈余管理，通过这种方式避税会同时降低企业的会计利润，进而可能影响企业在资本市场上的融资能力，增加企业债务契约的违约风险，财务成本较高。出于这一原因，现有文献大多集中于企业“账税差异避税”行为，而忽略了企业的“账税一致避税”行为，目前仅有 Badertscher et al.（2016）利用美国数据系统地研究了企业“账税一致避税”行为。尽管与“账税一致避税”相比，“账税差异避税”能够有效地避免对会计利润的不良影响，采用这种避税方式可能产生其他的非税成本（Non – Tax Costs）。第一，“账税差异避税”面临更大的处罚风险。税收执法部门常常根据企业的账税差异大小判断企业是否有偷税漏税的嫌疑，“账税差异避税”更容易引起他们的关注（Cloyd et al.，1996；Mills，1998；Mills and Sansing，2000；Wilson，2009；Lennox et al.，2015）。由于税法烦琐复杂，且存在规定模糊的地方，税务机关具有一定的自由裁量权，一旦企业被税务机关审计，发现问题受到处罚的可能性大大增加。第二，账税差异避税会降低企业的会计信息质量，如盈余持续性等（Lev and Nissim，2004），并且可能引起股权投资者和债权投资者的觉察（Hanlon，2005；Ayers et al.，2010）。除了这些隐性非税成本外，与企业不能无限度使用应计盈余管理类似，企业能使用的“账税差异避税”程度也有上限，超过这一上限只能使用“账税一致避税”。综合以上因素，除了账税差异避税外，企业也可能进行“账税一致避税”。现实中，企业常常通过“推迟确认收入”或“虚列费用”等手段进行“账税一致避税”，比如2009年益佰制药（600594）少缴各项税款567万元。其中，公司将2008年销售收入1416万元推迟计入2009年，将2009年销售收入1730万元推迟计入2010年；2009年无依据预提产品监测费8481万元，并从中违规列支市场费用、应急费等支出。类似的案例在税务稽查涉税违法案件公告和财政部会计检查结果中不胜枚举，可见“账税一致避税”行为在企业实践中也大量存在。基于以上原因，对企业“账税一致避税”行为进行研究不仅具有较强的理论意义，也具有重要的现实意义。

我们参考Badertscher et al.（2016）提出的“账税一致避税”度量方法，根据我国数据披露情况进行适当调整，研究了中国上市企业和非上市企业“账税一致避税”程度的差异，以及2008年税制改革前后非上市企业“账税一致避税”程度的变化。我们发现，由于资本市场压力的影响，上市企业采用“账税一致避税”的成本更高，因此与非上市企业相比较少采用这种避税方式。在预期所得税税率大幅下降时，非上市企业会通过“账税一致避税”方式推迟缴纳所得税，而上市企业则无明显表现。本书可能的创新点和研究贡献有两点。第一，为研究中国企业避税行为提供了新的视角，同时考虑“账税一致避税”和“账税差异避税”为研究企业避税行为提供了更加完整的框架。第二，我们初步探索了中国企业“账税一致避税”程度的度量方式，为进一步研究中国企业“账税一致避税”行为打下了基础。

本章余下部分安排如下：第二部分为文献回顾与研究假设，第三部分为研究设计，第四部分为实证结果与研究分析，第五部分为研究结论。第四部分我们首先检验了上市企业和非上市企业之间“账税一致避税”程度的差异，并对“账税一致避税”的作用渠道进行了探索，然后检验了2008年税制改革前后非上市企业“账税一致避税”程度的差异。

4.2 文献回顾与研究假设

现有文献中广泛使用的企业避税指标都大多度量的是“账税差异避税”程度，因此得出的结论也大多针对企业“账税差异避税”行为，缺乏对企业“账税一致避税”的研究。文献中最早提出的常用避税指标之一是平均有效税率（ETR），它是所得税费用占税前利润的比例（Phillips，2003；Rego，2003）。由于平均有效税率的分子是基于应税利润的（加上递延所得税费用），分母是基于会计利润的，这一指标大致反映了企业应税利润和会计利润之间的永久性差异。尽管造成这种差异的原因很多，但大部分跟所得税有关，比如税收优惠和税收抵免、以及税法和会计准则规定的差异，因此这一指标现在被视为衡量企业“账税差异避税”的指标。针对平均有效税率的分子可能被有些财务科目（比如准备金支出）所扭曲的缺陷，文献中提出了另一个度量指标，即现金有效税率（Dyreng et al.，2008）。现金有效税率（Cash ETR）是企业缴纳的现金所得税占经过调整的税前利润的比例，计算这一指标常常使用多期（一般是3年或5年）的平均值来减少短期波动可能造成的影响。与平均有效税率相比，现金有效税率不仅不被纳税应计项目影响，而且反映了企业应税利润和账面利润之间的暂时性差异和永久性差异，也是一个度量企业“账税差异避税”的指标。第三个被大量使用的避税指标是账税差异（BTD）。账税差异是税前利润与估算出的应税利润之差，反映了企业应税利润和会计利润之间的暂时性差异和永久性差异。除了以上提到的基本形式，平均有效税率（ETR）、现金有效税率（Cash ETR）和账税差异（BTD）这三种度量指标均有较多的变体存在，但其根本都是企业

“账税差异避税”程度的度量指标（Badertscher et al.，2016；Hanlon and Heitzman，2010）。度量“账税一致避税”的指标在文献中鲜有探索，目前仅有三篇文献提到了度量“账税一致避税”程度的可能指标：第一个被提出的是现金所得税与经营现金流的比例，但这一指标仅在脚注中被提及（Hanlon and Heitzman，2010），并未被运用于实证检验；第二个被提出的度量指标是账税一致的税务审计调整项目占销售收入的比例（Chan et al.，2010），使用税务调整数据尽管准确性更高，但可能存在选择性偏误，同时由于数据可得性的限制无法广泛使用，这篇文献尽管将企业避税行为明确区分为“账税差异避税”和“账税一致避税”，但研究重点仍然是“账税差异避税”；第三个就是 Badertscher et al.（2016）提出的度量指标，这是第一篇将企业避税行为明确区分为“账税差异避税”和“账税一致避税”，并对“账税一致避税”进行系统研究的文献。我们在此以他们的度量指标为基础，根据中国的实际情况稍作修改，用来研究中国企业的“账税一致避税”程度。

现有文献大多集中于企业“账税差异避税”行为，而忽略企业“账税一致避税”行为的可能原因之一是大部分避税研究主要针对上市企业，而上市企业更倾向于通过不影响会计利润的方式避税，即“账税差异避税”。Penno and Simon（1986）研究发现，上市企业依赖外部资本市场进行股权融资，因而比非上市企业更多地采用能够增加利润的会计方法。Cloyd et al.（1996）通过问卷调查发现，与非上市企业相比，上市企业的管理者更少使用“账税一致避税”方式。Mills and Newberry（2001）则通过大样本研究发现上市企业的账税差异程度高于非上市企业。Erickson et al.（2004）发现上市企业即使在需要多缴纳所得税的情况下，也更倾向于多报会计利润，并测算出对于多报 1 美金的会计利润，上市企业愿意多缴纳 8 美分的所得税。以上文献均表明，由于主要融资渠道不同，上市企业与非上市企业面临不同的非税成本。对于上市企业而言，资本市场压力是进行税收策划时必须考虑的因素，上市企业采用“账税一致避税”的非税成本远远高于非上市企业，而且在避税目标和利润目标发生冲突时，上市企业往往更重视企业的会计利润，因此更倾向于采用“账税差异避税”，而不愿意使用“昂贵”的“账税一致避税”。对于非上市企业而言，使用“账税一致避税”的非税成本较上市企业更小，由此我们提出第一个研究假设：

H1：非上市企业“账税一致避税”程度大于上市企业。

另一种企业可能大规模采用“账税一致避税”的情景就是预期所得税税率大幅下降的时候。与平时相比，预期税率即将大幅下降时，推迟缴纳所得税能够节省的税收更多，因此企业在这种情形下采用“账税一致避税”的动机比平时更大。针对美国1986年的税制改革（税率从46%降低至34%），Scholes et al.（1992）发现企业通过毛利率和销售管理费用进行跨期利润转移，Guenther（1994）利用应计项目发现了类似的现象，Maydew（1997）则通过可重复和不可重复的收入和费用项目对利润转移进行了评估。企业采用的这些避税方式，均属于“账税一致避税”。2008年，我国也进行了税制改革，企业的法定所得税税率从33%降至25%，尽管具体实施时，新税法使一部分企业税率升高，一部分企业税率不变，但主要作用是使大部分企业的税率降低。在我们选取的上市企业样本中，披露母公司税率降低的约占54%，升高的约占21%，税率不变的占25%。由于非上市企业的适用税率没有直接披露，我们使用同年度同地区同行业的平均税率替代，发现在税改中税率降低的企业占非上市企业的63%，税率升高的占28%，税率不变的占9%。所以，在无法精确确定每个非上市企业税率变化方向的情况下，我们假设非上市企业在税改之后税率普遍降低。针对中国的税制改革，Lin et al.（2012）发现企业会通过向下盈余管理的方式推迟缴纳所得税以实现避税目的，而在国有持股较多企业和公司内部治理较完善的情况下这种行为被抑制。Lin et al.（2014）发现在税改前的2007年，非上市企业报表中披露的降低企业利润的应计项目大于上市企业，通过把利润从2007年转移到2008年，非上市企业在2007年总体节省了8.58%的所得税。基于理论推理和这些前人研究，我们提出第二个研究假设：

H2：预期所得税税率降低时，非上市企业会采用“账税一致避税”方式推迟缴纳所得税。

4.3　研究设计

4.3.1　样本选择和数据来源

本章采用的非上市非IPO企业（以下简称“非上市企业”）初选样本来自于

工业企业数据库2003—2013年的数据，IPO企业和上市企业初选样本来自于国泰安数据库2003—2013年所有A股非金融类上市公司的数据。由于2002年我国取消了地方政府自行制定的"先征后返"所得税优惠政策，样本起始点选在2003年可以部分地减少隐蔽的税收优惠政策带来的影响。工业企业数据库数据量庞大，我们按照以下步骤进行了清理：（1）仅保留2008年税制改革前后都有观测值的企业（2006—2009年中至少有3年观测值）；（2）为了与上市企业规模保持接近（Badertscher et al.，2016），我们使用上市企业2006—2009年的数据按照同年度同行业和公司规模相近的原则与工业企业数据库的样本进行了1：5的匹配，并删除了重复值；（3）删除固定资产大于资产合计，营业收入为0等数据不合理的样本；（4）删除应交所得税、营业收入、地区、行业等关键信息缺失的样本。本章依据证监会2012年颁布的《上市公司行业分类指导》划分行业，为了提高指标估算的精度，所有行业均保留两位行业代码，借鉴Badertscher et al.（2016）剔除同一年度-行业观测值小于10的样本后，共有56个行业，64329个观测值，其中非上市企业43381个，IPO企业2044个，上市企业18904个。我们使用这64329个观测值进行了"账税一致避税"指标、异常生产成本、异常酌情费用和异常经营活动现金流的估算。在对非上市企业和上市企业"账税一致避税"程度进行回归分析时，我们进一步删除了研发费用、利息支出、广告与业务宣传费、管理费用、销售费用、异常生产成本、异常酌情费用和异常经营活动现金流等关键信息缺失的样本，得到32428个回归样本。在分析2008年税制改革对企业"账税一致避税"的影响时，我们仅保留了2007年和2008年的数据，剔除关键值缺失的样本后共得到12255个回归样本。所有回归均对连续变量进行了1%和99%水平上的缩尾处理。本章所有上市企业财务数据来自于CSMAR数据库，母公司实际适用所得税税率来自于WIND数据库，由于非上市企业没有公开披露适用所得税税率，我们使用同地区同年度同行业的上市企业平均税率代替。

4.3.2 研究模型和变量定义

（1）"账税一致避税"的度量指标

$$CTP_{it} = \beta_0 + \beta_1 BTD_{it} + \beta_2 NEG_{it} + \beta_3 BTD_{it} \times NEG_{it} + \beta_4 NOL_{it} + \beta_5 EFF_{it} + \varepsilon_{it} \tag{4-1}$$

参考 Badertscher et al.（2016）提出的“账税一致避税”的度量方法，我们对避税程度的估算基于企业当期支付的所得税与上期期末总资产的比例。有些财务科目（比如准备金支出[①]）仅影响会计利润而不影响应税利润，与所得税费用相比，使用企业当期支付的所得税做分子进行估算的结果不会被这些科目所扭曲；使用上期期末资产总额做分母，是因为这一指标不会受到当期交易（比如盈余管理）的影响，也可以避免 Henry and Sansing（2014）观察到的较低的税前盈利水平和税前盈利能力的波动性可能对现金有效税率造成的扭曲。我们用模型（4－1）估计企业当期支付的所得税占总资产的比例（CTP），残差 ε_{it}即为公司 i 在第 t 期的“账税一致避税”指标（CONF）。随着企业“账税一致避税”程度增加，企业支付的所得税税金减小，因此“账税一致避税”指标也随之减小，即“账税一致避税”指标越小代表企业“账税一致避税”程度越大。“账税一致避税”策略和“账税差异避税”策略都会降低企业支付的所得税占总资产的比例，因此（4－1）引入账税差异（BTD）以便分离“账税差异避税”策略的影响。账税差异有正有负，正的账税差异可能是企业避税行为的体现，负的账税差异往往是其余因素造成的，因此我们在模型（4－1）中引入账税差异正负标识（NEG）和交乘项 BTD × NEG 对这两种情况进行区分。我国税法规定[②]企业的亏损可以抵扣以后年度的所得税，因此我们在模型中引入可抵扣亏损（NOL）以反映前期亏损情况对企业当期支付的所得税的影响。由于我国企业未公开披露可抵扣亏损的额度，我们只能根据上期税前利润是否小于零来推断当期该企业是否有可抵扣亏损，进行稳健性检验时我们也根据前三期（t－3 期至 t－1 期）平均税前利润来推断可抵扣亏损，结果无实质改变。Badertscher et al.（2016）的原始模型中还包含可抵扣亏损的变化量 ΔNOL_{it}，由于这一变量无法准确的估计，我们权衡利弊之后将该项剔除。企业出于战略发展而非税务筹划目的所采用的经营决策也可能影响支付的所得税占总资产的比例，比如企业为了吸引优质人才而支付高于行业平均水平的工资，为了企业的长期发展加大研发投入等，均会造成当期费用的增加，以及当期会计利润和应税利润的减少，进

① 《中华人民共和国企业所得税法》第十条第七项规定：“未经核定的准备金支出在计算应纳税所得额时，不得扣除。”《企业所得税法实施条例》第五十五条规定：“企业所得税法第十条第（七）项所称未经核定的准备金支出，是指不符合国务院财政、税务主管部门规定的各项资产减值准备、风险准备等准备金支出。”如企业按照会计准则或会计制度计提的各类应收款项的坏账准备（金融、保险机构除外）、存货跌价准备、固定资产减值准备及长期股权投资减值准备等。

② 《中华人民共和国企业所得税法》第十八条规定：企业纳税年度发生的亏损，准予向以后年度结转，用以后年度的所得弥补，但结转年限最长不得超过 5 年。

而影响企业当年支付的所得税占总资产的比例。企业不同的经营决策往往体现在不同的经营效率之中，因此，我们在模型（4－1）中引入企业的经营效率（EFF）以控制企业经营决策不同可能带来的影响。另外，为了控制行业和年度的影响，我们采用分行业－年度的方式分别估计模型（4－1）的系数。模型涉及的变量及定义详见表4－1。

表4－1　　变量定义及说明

变量名称	变量标识	变量定义
支付的所得税税金占总资产比例	CTP	企业当期用于支付所得税的现金/上期期末资产总额
账税一致避税指标	CONF	根据模型（4－1）计算出的残差，详见正文
账税差异	BTD	（会计收益－当期所得税费用/实际适用所得税税率）/上期期末资产总额
账税差异正负标识	NEG	账税差异小于零时取值为1，否则为0
可抵扣亏损	NOL	上期税前利润小于零时取值为1，否则为0
经营效率	EFF	当期营业收入/净经营资产，其中净经营资产＝股东权益＋短期负债 ＋ 长期负债－现金－短期投资
现金有效税率	CTR	企业当期缴纳的现金所得税/税前利润，并缩尾至区间［0，1］
非上市企业	PRV	非上市企业为1，上市企业为0
费用项目	EXP	直接选用企业财务报表中的费用项目，或使用可操纵成本综合指标
研发费用	RD	研发费用/上期期末资产总额
清理固定资产净损失	NLF	清理固定资产净损失/上期期末资产总额
利息支出	INT	财务费用中的利息支出项目/上期期末资产总额
广告与业务宣传费	ADV	广告与业务宣传费/上期期末资产总额
管理费用与销售费用（研发费用、广告与业务宣传费除外）	SGA	（管理费用＋销售费用－研发费用－广告与业务宣传费）/上期期末资产总额
异常生产成本	ABPRD	按照 Roychowdhury（2006）的方法估算

续表

变量名称	变量标识	变量定义
异常酌情性费用	ABSGA	按照 Roychowdhury（2006）的方法估算
异常经营活动现金流	ABCF	按照 Roychowdhury（2006）的方法估算
可操纵成本综合指标	ABEXP	ABEXP = ABCF + ABSGA − ABPRD
企业并购	ACQ	企业当期发生并购，且支出的总价值超过企业原有总资产的 5% 为 1，否则为 0
企业规模	SIZE	企业总资产的自然对数
税制改革前	BEF	2008 年税制改革之前为 1，之后为 0
所有权性质	SOE	国有企业为 1，否则为 0

（2）检验模型

$$CONF = \beta_0 + \beta_1 PRV + \beta_2 EXP + \beta_3 ACQ + \beta_4 SIZE + \varepsilon \quad (4-2)$$

$$CONF = \beta_0 + \beta_1 PRV + \beta_2 BEF + \beta_3 PRV \times BEF + \beta_4 SIZE + \varepsilon \quad (4-3)$$

$$CONF = \beta_0 + \beta_1 BEF + \beta_2 SOE + \beta_3 SOE \times BEF + \beta_4 ACQ + \beta_5 SIZE + \varepsilon \quad (4-4)$$

我们使用模型（4－2）检验上市企业和非上市企业间“账税一致避税”程度的差异并研究哪些费用项目更可能被用于“账税一致避税”策略。PRV 是企业上市与否的标识，非上市企业设置为 1，上市企业设置为 0。非上市企业由于没有资本市场压力，使用“账税一致避税”策略的代价较小，因此比上市企业更可能使用“账税一致避税”策略，我们预期变量 PRV 系数显著为负。我们使用两种方式度量 EXP。第一种方式是直接选用企业财务报表中的费用项目，参考 Badertscher et al.（2016）选取了研发费用、清理固定资产净损失、广告与业务宣传费、利息支出和管理与销售费用（剔除研发费用和广告与业务宣传费）。经理人对何时支出这些费用，以及支出多少具有一定的决定权，在需要避税的年度可以通过增加研发支出、广告与业务宣传费、利息支出，或清理减值的固定资产确认损失来同时降低会计利润和应税利润。然而，直接使用财务报表中的费用项目可能带来的问题是我们不能完全区分这些费用中哪些是企业经营需要必须支出的部分，哪些是经理人为了达到避税目的进行操纵的部分。对于企业经营需要必须支出的部分，费用越高，可能同时带来更高的收入，因此对会计利润和应税利润反而造成拉升的作用；对出于避税目的而支出的部分，对会计利润和应税利润主要是降低的作用。在这两部分的综合作用下，这些具体费用项目在模型（4-2）中的符号是正是负有待通过实证检验来确定。其中，由于研发费用往往无法当期带来效益、而清理固定资产损失项目不经常发生，我们预期这两项的系数为负，其余费用项目的符号无法明确预测。为了弥补第一种方式的不足，第二种方式借用了 Roychowdhury（2006）真实盈余管理的方法，将费用中可以操纵的部分分离出来，我们使用 Roychowdhury 的模型估算出企业的异常生产成本（ABPRD）、异常酌情费用（ABSGA）和异常经营活动现金流（ABCF）。当经理人进行“账税一致避税”时，可以采取与向上真实盈余管理相反的做法，即降低当期产量（体现为异常生产成本减少）、增加当期费用（体现为异常酌情费用增加）、减少当期销售折扣（体现为异常经营活动现金流的增加）。由于这三种盈余管理手段之间往往存在相互抵消的效应，不少文献（如蔡春等，2013）针对中国企业的情况构建了真实盈余管理综合指标，我们借鉴这一方法构建出于避税目的可操纵成本综合指标 ABEXP = ABCF + ABSGA - ABPRD，该指标越大，表示经理人可操纵的费用越大。由于 CONF 是一个反向指标，我们预期使用 ABEXP 作为 EXP 的第二种度量方式时，系数显著为负。模型（4-2）还包括两个控制变量。如果一个企业当期发生了大规模并购，当期支付的所得税与上期期末的资产总额之间的联系将不再紧密，因此我们引入变量企业并购（ACQ）以控制这一影响，当企业当年发生并购且总价值超过企业原有总资产的5%时为设置为1，否则为0。企业规模对企业支付的所得税多少具有重要影响，因为大企业拥有更多的资源和渠道进行税收筹划和政治游说（Zimmerman，1983），从而获得更多的税收优惠，因此我们也控制了企业规模（SIZE）。

我们使用模型（4-3）检验2008年税制改革对企业“账税一致避税”程度的影响，税制改革之前 BEF 为1，之后为0。2008年税制改革之后大部分企业适用税率降低，非上市企业缺乏资本市场压力，有动机在“账税差异避税”之外还进行“账税一致避税”以达到推迟缴税减轻税负的目的，因此我们预期交乘项 PRV × BEF 系数显著为负。我们使用模型（4-4）检验企业所有权性质对非上市企业“账税一致避税”程度的影响，SOE 是企业所有权性质，国有企业为1，非国有企业为0，我们预期非上市企业在税改前“账税一致避税”程度较大，但其中的国有企业这种避税动机较弱，因此 BEF 系数显著为负，SOE × BEF 系数显著为正。

4.4　实证结果与研究分析

4.4.1　上市企业与非上市企业“账税一致避税”程度差异及作用渠道

（1）描述性统计与相关性检验

表 4－2 是回归样本主要变量的描述性统计结果。账税一致避税指标 CONF 的均值（中位数）约为 0.000（－0.001），与 Badertscher et al.（2016）的结果接近。现金有效税率 CTR 的均值（中位数）为 0.266（0.168），中位数小于均值，说明多数样本企业具有较低的实际税率。非上市企业 PRV 的均值（中位数）约为 0.499，说明非上市企业和上市企业在样本中的比例大致相当。研发费用 RD 均值（中位数）分别为 0.009（0.000），说明样本中研发费用占期初总资产的比例约为 9%，且大部分企业没有研发费用。利息支出 INT 的均值（中位数）为 0.013（0.011），广告与业务宣传费 ADV 均值（中位数）约 0.003（0.000），管理费用与销售费用 SGA 均值（中位数）为 0.093（0.066），可操纵成本综合指标 ABEXP 均值（中位数）为 0.004（0.024），企业并购 ACQ 均值（中位数）为 0.063（0.000），企业规模 SIZE 的均值（中位数）为 21.109（21.010），均处于合理范围之内。

表 4－2　主要变量的描述性统计——非上市企业与上市企业“账税一致避税”程度差异

变量	样本量	均值	标准差	25%	中位数	75%
CONF	32428	0.000	0.015	－0.006	－0.001	0.005
CTR	32428	0.266	0.291	0.075	0.168	0.330
PRV	32428	0.499	0.500	0.000	0.000	1.000
RD	32428	0.009	0.018	0.000	0.000	0.011
INT	32428	0.013	0.014	0.003	0.011	0.020
ADV	32428	0.003	0.012	0.000	0.000	0.001
SGA	32428	0.093	0.095	0.036	0.066	0.114
ABEXP	32428	0.004	0.547	－0.110	0.024	0.155
ACQ	32428	0.063	0.244	0.000	0.000	0.000
SIZE	32428	21.109	1.350	20.227	21.010	21.912

表4－3是非上市企业样本和上市企业样本主要变量之间的差异性检验。非上市企业“账税一致避税”指标（CONF）显著低于上市企业，说明非上市企业“账税一致避税”程度比上市企业更大，初步验证了我们的研究假设H1。尽管我们在选取工业企业数据库里的样本时按照年度、行业和规模与上市企业进行了配对，进入样本的非上市企业规模仍然显著小于上市企业。非上市企业利息支出和研发费用较少，广告与业务宣传费较大，与我国非上市企业通过债权融资的难度较大，不重视研发而较关注市场推广的情况相符。

表4－3　上市企业与非上市企业主要变量的平均值（中位数）比较

	非上市企业			上市企业			差异检验（非上市－上市）	
变量	样本量	均值	中位数	样本量	均值	中位数	均值	中位数
CONF	16173	－0.001	－0.002	16255	0.000	0.000	－0.001***	－0.001***
CTR	16173	0.238	0.148	16255	0.294	0.197	－0.056***	－0.049***
RD	16173	0.007	0.000	16255	0.012	0.000	－0.004***	0.000***
INT	16173	0.012	0.009	16255	0.015	0.012	－0.003***	－0.004***
ADV	16173	0.004	0.000	16255	0.002	0.000	0.002***	0.000***
SGA	16173	0.095	0.062	16255	0.091	0.070	0.005***	－0.008***
ABEXP	16173	0.000	0.044	16255	0.007	0.010	－0.007	0.034***
ACQ	16173	0.000	0.000	16255	0.127	0.000	－0.127***	0.000***
SIZE	16173	20.530	20.430	16255	21.685	21.545	－1.155***	－1.115***

注：***、**、*分别表示在1%、5%、10%统计意义上显著。

表4－4是主要变量之间的pearson相关系数。非上市企业PRV与“账税一致避税”指标（CONF）之间显著负相关，与描述性统计结果一致，说明非上市企业“账税一致避税”程度比上市企业更大。“账税一致避税”指标（CONF）与“账税差异避税”指标（现金有效税率CTR）相关系数为0.293，与Badertscher et al.（2016）的研究结果相近，说明“账税一致避税”策略和“账税差异避税”策略并不是完全替代的，偏好税收筹划的企业可能通过同时采用这两种策略实现避税目的。研发费用（RD）、清理固定资产净损失（NLF，仅上市企业披露了这一数据）、可操纵成本综合指标（ABEXP）与CONF均显著负相关，与我们的预期一致。

表4－4　　主要变量的pearson相关系数—非上市企业与上市企业账税一致避税程度差异

	CONF	CTR	PRV	RD	NLF	INT	ADV	SGA	ABEXP	ACQ
CTR	**0.293**	**1**								
PRV	**－0.023**	**－0.096**	**1**							
RD	**－0.028**	**－0.119**	**－0.119**	**1**						
NLF	**－0.033**	**－0.019**	—	**0.042**	**1**					
INT	**0.050**	**0.141**	**－0.096**	**－0.104**	**－0.063**	**1**				
ADV	**0.033**	**－0.025**	**0.078**	**0.104**	－0.007	**－0.080**	**1**			
SGA	**0.054**	**－0.019**	**0.023**	**0.122**	0.002	**－0.062**	**0.349**	**1**		
ABEXP	**－0.031**	**0.046**	－0.007	**－0.114**	**－0.035**	**0.039**	**－0.141**	**－0.290**	**1**	
ACQ	**0.048**	**0.018**	**－0.260**	**0.045**	－0.004	**0.057**	**－0.017**	**0.025**	0.004	**1**
SIZE	**0.029**	**0.014**	**－0.428**	**0.023**	**0.054**	**0.124**	**－0.011**	**－0.167**	0.011	**0.107**

注：黑体字表示至少在5%的水平显著。

（2）多元回归分析

表4－5中，第（1）（2）列是用企业财务报表中的费用项目直接度量模型（4－2）中EXP的回归结果，由于只有上市企业披露了清理固定资产净损失（NLF）项目，故第（2）列仅包含上市企业样本。第（3）列是用可操纵成本综合指标度量EXP的回归结果。第（1）（3）列中，PRV均在1%的水平上显著为负，说明无论使用哪种方式度量模型（4－2）中的EXP项目，非上市企业的“账税一致避税”程度都显著高于上市企业，支持了研究假设H1。作用渠道方面，第（1）列中RD和第（2）列中NLF在1%的水平上显著为负，说明企业可以通过研发费用和清理固定资产损失进行“账税一致避税”，与我们的预期一致。与Badertscher et al.（2016）的研究结果不同，利息支出（INT）、广告与业务宣传费（ADV）和管理费用与销售费用（SGA）的系数在我们的样本中均为正。可能原因是用这些费用进行“账税一致避税”的可操纵空间不大：①对于利息费用，往往需要在存续期间按比例扣除，无法根据企业的避税需要及时调整；②对于广告与业务宣传费，我国税法规定了可抵扣的上限，一般是当年销售收入的15%；③对于管理费用和销售费用，为了避免重复，我们使用的是剔除了研发费用和广告与业务宣传费的部分，剩下的是可操纵空间较小的部分。当这些费用中企业经营需要必须支出的占较大比例时，费用越高同时带来的收

入越高，因此对会计利润和应税利润反而造成拉升的作用。第（3）列中，ABEXP 系数在 1% 的水平上显著为负，说明经理人可操纵的费用越大，企业“账税一致避税”程度越大，与我们的预期一致。

表 4－5　　　　“账税一致避税”的作用渠道

变量	预期符号	CONF		
		（1）	（2）	（3）
PRV	—	－0.001*** （－2.658）		－0.001*** （－2.987）
RD	—	－0.033*** （－4.339）	－0.084*** （－8.637）	
NLF	—		－0.0806*** （－2.670）	
INT	?	0.054*** （5.359）	0.034** （2.532）	
ADV	?	0.037*** （2.611）	0.013 （0.673）	
SGA	?	0.009*** （4.999）	0.012*** （4.495）	
ABEXP	—			－0.001** （－2.193）
ACQ	?	0.003*** （6.700）	0.003*** （7.187）	0.003*** （7.139）
SIZE	?	0.001*** （3.359）	0.001*** （5.333）	0.001*** （3.384）
CONS.		－0.008*** （－3.844）	－0.016*** （－5.844）	－0.007*** （－2.991）
IND&YEAR		Yes	Yes	Yes
N		32428	15700	32428
Adj. R^2		0.016	0.036	0.009

注：表中数据为各自变量的回归系数，括号内为经过 cluster 修正后的 T 值；***、**、* 分别表示在 1%、5%、10% 统计意义上显著。

4.4.2　税制改革对非上市企业“账税一致避税”程度的影响

（1）差异检验

表 4－6 是 2007 年和 2008 年企业“账税一致避税”程度的差异检验。对于非上市企业，2007 年“账税一致避税”指标 CONF 的均值和中位数均显著小于 2008 年，即 2007 年“账税一致避税”程度显著大于 2008 年，说明在预期所得税税率大幅下降的情况下，非上市企业会采用“账税一致避税”方式推迟所得税的缴纳，以降低企业的税收负担。对于上市企业，2007 年“账税一致避税”指标 CONF 的均值和中位数均显著大于 2008 年，与非上市企业相反，说明由于资本市场压力的影响，上市企业在预期税率降低的情况下采用“账税一致避税”方式推迟所得税缴纳的动机较弱。至于上市企业在 2008 年“账税一致避税”程度反而较大的情况，可能是其余宏观因素（比如经济危机等）造成的。在这些反向因素的影响下，非上市企业 2007 年“账税一致避税”程度仍显著大于 2008 年，更体现出这一结果的稳健性。

表 4－6　　税制改革对“账税一致避税”的影响

变量	非上市企业			上市企业			差异（非上市－上市）	
	样本量	均值	中位数	样本量	均值	中位数	均值	中位数
（1）2007	4581	－0.001	－0.003	1307	0.003	0.000	－0.003***	－0.003***
（2）2008	4424	0.000	－0.001	1329	－0.002	－0.002	0.001**	0.001***
差异（1）－（2）		－0.001**	－0.001***		0.004***	0.002***	－0.006***	－0.003***

注：***、**、*分别表示在 1%、5%、10% 统计意义上显著。

（2）多元回归分析

表 4－7 是税制改革对“账税一致避税”影响的多元回归分析。第（1）（2）列是全样本的回归结果，第（1）列中 PRV 和 BEF 的系数均未显著异于 0，第（2）列中两者的交乘项 PRV × BEF 在 1% 的水平上显著为负，与预期一致，说明非上市企业在税改前采用了“账税一致避税”方式进行避税，支持了研究假设 H2。第（3）（4）列是非上市企业的回归结果，第（3）列中 BEF 系数显著为负，也支持了研究假设 H2。第（4）列中 SOE × BEF 系数显著为正，说明

预期税率大幅下降时国有非上市企业通过“账税一致避税”推迟缴纳所得税的动机较非国有企业更弱，与我们的预期一致。第（5）（6）列是非上市企业的回归结果，体现出与非上市企业完全不同的变化趋势。

表 4－7　　税制改革对“账税一致避税”影响的回归分析

变量	CONF					
	全样本		非上市企业		上市企业	
	(1)	(2)	(3)	(4)	(5)	(6)
PRV	－0.001 (－0.667)	0.002*** (3.109)				
BEF	－0.001 (－0.064)	0.004*** (4.809)	－0.001* (－1.937)	－0.002** (－2.223)	0.004*** (4.926)	0.004*** (2.601)
PRV × BEF		－0.006*** (－5.064)				
SOE				0.001 (0.850)		－0.002 (－1.349)
SOE × BEF				0.002** (2.052)		0.001 (0.189)
ACQ	0.008*** (5.013)	0.008*** (5.049)			0.008*** (5.298)	0.008*** (5.230)
SIZE	－0.001 (－1.439)	－0.001 (－1.427)	－0.001 (－1.445)	－0.001 (－1.637)	0.001 (1.234)	0.001 (1.575)
CONS.	0.014 (1.258)	0.012 (1.087)	0.019 (1.108)	0.021 (1.227)	－0.017 (－1.527)	－0.019* (－1.767)
IND	Yes	Yes	Yes	Yes	Yes	Yes
N	12255	12255	9005	9005	2636	2636
Adj. R^2	0.003	0.004	0.002	0.003	0.036	0.037

注：表中数据为各自变量的回归系数，括号内为经过 T 值；*** 、** 、* 分别表示在 1%、5%、10% 统计意义上显著。

4.4.3　稳健性检验

我们还进行了一系列稳健性检验：①在估算账税一致避税程度（CONF）时根据前三期（t－3 期至 t－1 期）平均税前利润来推断企业当期是否存在可抵扣

亏损（NOL），所得结果类似；②由于工业企业数据库中非上市企业数据缺失严重，我们在用上市企业与非上市企业配对时采用了 1∶5 的比例配对，以便在删除不合理和关键变量缺失的观测值后仍有足够的非上市企业样本量，当我们采用1∶1、1∶2、1∶3 或1∶4 配对时，所得结论不变；③采用平衡面板进行回归，所得结论不变（见表 4－8）；④我们假设将 2008 年的税改提前到 2007 年，用 2006 年和 2007 年的数据重新进行了表 4－7 的回归，PRV 的系数仍然显著，但 BEF、PRV × BEF 和 SOE × BEF 的系数不再显著，说明表 4－7 中的结果的确是由于 2008 年的税制改革驱动的（见表 4－9）。

表 4－8　"账税一致避税"策略的作用渠道——平衡面板

变量	预期符号	CONF		
		(1)	(2)	(3)
PRV	—	−0.002*** (−2.942)	−0.001*** (−2.718)	
RD	—	−0.013 (−0.894)		−0.017 (−1.150)
NLF	—			−0.126** (−2.031)
INT	?	0.006 (0.386)		−0.005 (−0.294)
ADV	?	0.014 (0.776)		0.048 (1.359)
SGA	?	0.016*** (4.800)		0.025*** (4.619)
ABEXP	—		−0.004*** (−4.110)	
ACQ	?	0.004*** (3.871)	0.004*** (4.412)	0.004*** (3.868)
SIZE	?	0.000** (2.134)	0.000* (1.726)	0.001*** (3.174)
CONS.		−0.011** (−2.544)	−0.007 (−1.554)	−0.022*** (−3.510)
IND&YEAR		Yes	Yes	Yes
N		12531	14895	7203
Adj. R^2		0.028	0.027	0.052

注：表中数据为各自变量的回归系数，括号内为经过 cluster 修正后的 T 值；***、**、*分别表示在 1%、5%、10% 统计意义上显著。

表 4-9　　假设 2007 年为税制改革年的回归结果

变量	CONF					
	全样本		非上市企业		上市企业	
	(1)	(2)	(3)	(4)	(5)	(6)
PRV	-0.004*** (-6.485)	-0.004*** (-4.833)				
BEF	0.000 (0.340)	0.000 (-0.111)	0.000 (0.392)	0.000 (0.685)	0.000 (-0.134)	0.001 (0.462)
PRV × BEF		0.000 (0.326)				
SOE				0.002*** (2.602)		-0.001 (-0.924)
SOE × BEF				-0.001 (-1.198)		-0.001 (-0.623)
ACQ	0.006*** (3.662)	0.006*** (3.666)			0.006*** (3.733)	0.006*** (3.708)
SIZE	0.000 (-0.327)	0.000 (-0.324)	0.000 (-0.385)	0.000 (-0.746)	0.000 (0.151)	0.000 (0.548)
CONS.	0.001 (0.141)	0.001 (0.156)	0.000 (-0.009)	0.002 (0.123)	-0.003 (-0.267)	-0.007 (-0.564)
IND	Yes	Yes	Yes	Yes	Yes	Yes
N	11225	11225	8762	8762	2463	2463
Adj. R^2	0.006	0.006	0.001	0.002	0.032	0.033

注：表中数据为各自变量的回归系数，括号内为经过 cluster 修正后的 T 值；***、**、* 分别表示在 1%、5%、10% 统计意义上显著。

4.5　本章小结

我们借鉴 Badertscher et al.（2016）提出的“账税一致避税”指标，根据中国企业信息披露情况进行调整研究了中国企业“账税一致避税”行为。研究发现，由于缺乏资本市场压力，非上市企业“账税一致避税”程度显著高于上市企业；在预期适用税率大幅降低时，非上市企业有更强的动机通过“账税一致避税”推迟缴纳所得税以减轻企业的税收负担。我们的研究为考察中国上市企业避税行为提供了新的视角，同时考虑“账税一致避税”和“账税差异避税”为研究企业的避税行为提供了更加完整的框架。我们对中国企业“账税一致避税”程度度量方式的初步探索也为进一步研究中国企业“账税一致避税”行为打下了基础。本章的不足之处在于使用的“账税一致避税”度量指标不能跟向下盈余管理充分区分开来，但避税往往是向下盈余管理的一种重要动机，对这一部分文献，我们的指标不失是一种更加直接的度量。

第5章　外部监管、政府干预与企业“账税一致避税”

5.1　问题提出

企业避税行为一直是会计领域的研究重点，我们借鉴 Hanlon and Heitzman (2010) 关于避税的定义，将所有能够降低企业显性税收负担的交易都视为企业的避税行为。迄今为止，大部分研究集中于能降低企业所得税负担而不影响会计利润的避税策略，我们将这种策略称为“账税差异避税”。然而，现实中企业也常常利用“推迟确认收入”或“虚列费用”等同时减少应税利润和会计利润的方式逃避税收负担的“账税一致避税”策略。Badertscher et al. (2016) 利用美国数据研究发现，“账税一致避税”策略不仅存在于非上市企业中，也不同程度地存在于上市企业中。根据 Scholes - Wolfson 理论框架 (Scholes et al.，2009)，企业进行税收筹划时要考虑非税成本（Non - Tax Costs），其中一个显而易见的非税成本就是企业避税可能降低会计利润，进而对资本市场融资和债务契约等产生不利影响。因此，企业常常更倾向于采用“账税差异避税”策略，在享受节税好处的同时避免对会计利润的不利影响。但采用“账税差异避税”可能产生其他的隐性成本。第一，“账税差异避税”策略更容易引起税务部门关注，面临更大的处罚风险（Cloyd et al.，1996；Mills，1998；Mills and Sansing，2000；Lennox et al.，2015）。比如 Lennox et al. (2015) 利用中国税务机关内部数据研究发现，具有较低有效税率、较大账税差异的企业更容易受到中国税务机关的审计（有效税率和账税差异均是度量企业“账税差异避税”的指标）。第二，“账税差异避税”策略可能引起股权投资者和债权投资者对企业会计信息质量的质疑（Hanlon，2005；Ayers et al.，2010)，因为较大的账税差异往往伴随着较低的会计信息质量，比如盈余持续性等（Lev and Nissim，2004）。考虑到这些隐性成本，企业在有些情况下更倾向使用“账税一致避税”策略。除了这些隐性成本，与企业进行盈余管理时不能无限度使用应计盈余管理，超出一定限度只能使用成本更高的真实盈余管理类似，企业能够使用的“账税差异避税”也有上限，超过了上限只能使用“账税一致避税”策略。基于以上原因，我们认为研究“账税一致避税”策略具有较强的理论和现实意义。

以往大量研究直接或间接表明，上市企业比非上市企业更少使用“账税一致避税”策略（Cloyd et al.，1996；Mills and Newberry，2001)，主要原因有两个。第一，上市企业依赖外部资本市场进行股权融资；第二，上市企业两权分离使得对经理人的考核更加注重会计盈余（Penno and Simon，1986)。Badertscher et al.（2016）利用他们首创的“账税一致避税”指标发现，美国上市企业“账税一致避税”程度随着资本市场压力增加而减少，而“账税差异避税”程度随着资本市场压力增大而增加，两种策略在资本市场压力的影响下呈现替代关系，提供了上市企业也会使用“账税一致避税”策略的实证证据。通过对中国制度背景的分析，我们认为中国上市企业采用“账税一致避税”策略比美国企业采用这一策略的非税成本更小。第一，中国股市的股价同步性较大，“同涨同跌”现象严重，企业自身信息（包括会计利润）对股票价格的决定作用不大。通过对全球40多个国家和地区的研究发现中国的股价同步性程度高居前两位（Morck et al.，2000；Jin and Myers，2006)，因此中国资本市场压力对企业“账税一致避税”策略的抑制作用不如美国市场显著。比如暴风科技（代码：300431）在2015年上市以后在并无业绩支撑的情况下（2014年公司仅实现净利润4200万元，2015年第一季度净利润亏损，同比下滑146.72%）连续29个涨停。尽管股票暴涨之后公司受到大量媒体关注，搜狐财经甚至直接指出其业绩报告充分暴露了“不具规模，营收规模赶不上竞争对手”，“净利润同比转亏，正在遭遇亏损难题”等问题①，该股后期仍然保持了强劲的增长势头，在2015年全年124个交易日共实现55天涨停。第二，中国上市企业中国有企业占较大比重，它们在诸多方面与非国有企业存在差异。比如在国有上市企业经理人的考核体系中，会计盈余往往不是最重要的指标，因此国有企业经理人对会计盈

① http：//mt. sohu. com/20150714/n416740806. shtml.

余的重视程度可能不如非国有企业。尽管学界普遍认为完成纳税任务是国有企业的一项考核指标，因此国有企业避税动机较弱，但税务部门与国有企业确定每年的纳税任务是一个博弈的过程，国有企业经理人为了降低完成任务的难度，再加上对会计盈余重视程度不高，有可能通过隐藏利润的方式力图降低任务额度，即采用账税一致的避税策略。

我们将 Badertscher et al.（2016）使用的度量指标根据我国实际情况稍作调整[①]，研究了中国上市企业“账税一致避税”程度与资本市场压力、外部监管和政府干预的关系，发现中国上市企业“账税一致避税”程度不仅受到部分资本市场压力的影响，还受到外部监管（国际四大会计师事务所审计和地区税收征管强度）和政府干预的影响。进一步按照企业产权性质分组检验发现，非国有企业“账税一致避税”程度主要受到资本市场压力的影响，而国有企业“账税一致避税”策略还受到外部监管和政府干预的影响。具体而言，国际四大会计师事务所审计、较高的地区税收征管强度以及较低的政府干预程度促使国有上市企业提高“账税一致避税”程度。

本书的创新点和研究贡献有三个。第一，为研究中国上市企业避税行为提供了新的视角，同时考虑账税一致避税和账税差异避税构成了更加完整的研究框架。第二，我们的发现丰富了对国有企业避税策略的认识。许多研究认为我国国有企业较少采用税收筹划，所得税负担较重（郑红霞和韩梅芳，2008；吴联生，2009），这些文章使用的均是度量“账税差异避税”的指标，以此推断企业整体的避税情况不够全面。而我们用“账税一致避税”指标发现，尽管国有企业较少采用“账税差异避税”，它们在外部监管较强的时候会采用“账税一致避税”策略。第三，Badertscher et al.（2016）仅考虑了资本市场压力这一外部因素对上市企业“账税一致避税”的影响，而我们进一步将研究范围扩展到了独立审计师、税收监管和政府干预等外部力量。

本章余下部分安排如下：第二部分为文献回顾与研究假设，第三部分为研究设计，第四部分为实证结果与研究分析，第五部分为研究结论。

---

① 我们通过中国上市公司和非上市公司的混合样本验证了这一经过修改的指标可以反映出两种企业之间“账税一致避税”程度的差异。由于这一验证过程是我们另一篇工作论文的一部分，为了避免重复，在此未详细列出。

5.2　文献回顾与研究假设

现有文献经常采用的避税指标有账面有效税率（GAAP ETR）、现金有效税率（Cash ETR）、账税差异（BTD）及它们的各种变体。GAAP ETR 是所得税费用总额占税前利润的比例，它的分子是基于应税利润计算的（加上递延所得税费用），分母是账面利润，因此反映了企业应税利润和账面利润之间的永久性差异。Cash ETR 是企业缴纳的现金所得税占调整过的税前利润的比例，计算这一比例时常常使用多期（经常是 3 年或 5 年）平均值来缓解分子分母会计期间不匹配的问题，同时减少短期波动造成的影响。与 ETR 相比，Cash ETR 不受各种纳税应计项目（Tax Accruals，即会影响会计利润但不影响所得税支付的项目）的影响，而且反映了企业应税利润和账面利润之间的暂时性差异和永久性差异。BTD 是税前利润与估算出的应税利润之差，也反映了企业应税利润和账面利润之间的暂时性差异和永久性差异。可见，现在常用的避税指标都是度量“账税差异避税”程度的，而缺乏度量“账税一致避税”程度的指标。目前仅有少量文献提到了度量“账税一致避税”程度的指标，主要有两个，第一个是现金所得税与经营现金流的比例，然而这一指标仅在脚注中被提及（Hanlon and Heitzman，2010），并未被用于实证检验企业的“账税一致避税”程度。Badertscher et al.（2016）是第一篇将企业的避税行为明确区分为“账税差异避税”和“账税一致避税”，并对“账税一致避税”行为进行系统研究的文献，因此，我们借鉴他们的度量指标，根据中国的实际情况稍作修改，用来研究中国企业的“账税一致避税”程度。Badertscher et al.（2016）利用美国上市企业的数据研究发现，企业“账税一致避税”程度随着资本市场压力增加而减少，具体而言，当企业有分析师跟踪、在两年之内有股票增发、具有较高的销售增长率或者较大的操纵性应计时，企业的“账税一致避税”程度被抑制。我们认为在中国特殊的制度背景下研究上市企业的“账税一致避税”程度也具有重要的意义，因为：第一，中国资本市场信息环境和市场的投资者构成与美国存在较大差异；第二，中国上市企业中有大量国有企业存在，它们与政府的紧密联系使其与非国有企业具有不同的表现；第三，除了资本市场压力，外部审计师、地区税收征管强度、政府干预等都可能对企业的“账税一致避税”程度造成影响，中国仍处在经济转型阶段，地区之间在监管和干预方面的异质性提供了合适的研究环境。

已有文献使用“账税差异避税”指标研究发现，企业避税会降低会计信息质量，比如降低企业的盈余持续性（Lev and Nissim，2004；Weber，2009），引起财务重述（Badertscher et al.，2009）等，因此企业采用激进的“账税差异避税”策略可能引起审计师的注意。“账税差异避税”策略容易被税收监管部门识破，一旦被质疑或处罚，审计师可能面临股东和税务机关的起诉，同时客户可能因为避税受到的高额处罚而面临财务困境并进行财务报告重述，增加了审计师面临的诉讼风险和声誉风险。因此，审计师有动机对激进的“账税差异避税”行为进行严格的限制（Kanagaretnam et al.，2015）。审计服务的质量取决于审计师提供高质量服务的动机和能力（DeFond and Zhang，2014）。由于国际四大会计师事务所往往面临更高的声誉风险和诉讼风险，为了避免可能的损失，他们比一般的会计师事务所更有动机抑制企业的“账税差异避税”行为。同时他们具有更多的专业知识和执业经验、更科学合理的审计流程、更庞大的客户群和更强的独立性，也比一般的事务所更有能力抑制企业的“账税差异避税”行为。因此，我们预测国际四大会计师事务所审计会抑制企业“账税差异避税”的可能空间，促使企业转向更加昂贵的“账税一致避税”策略，我们的第一个研究假设是：

H1：国际四大会计师事务所审计对上市企业“账税差异避税”起抑制作用，对“账税一致避税”起促进作用。

税务机关在执法过程中常常使用账税差异指标判断企业是否存在避税行为。比如 Mills（1998）发现，企业账税差异越大，越容易受到税务监管部门的关注；Wilson（2009）发现，已经被发现的税收筹划案例与账税差异显著正相关。根据《中华人民共和国税收征收管理法》规定，税务机关有权对公司的财务账目进行检查，因此，在我国的背景下，企业的“账税差异避税”策略也比“账税一致避税”策略更容易被税务机关识破。税务机关具有一定的自由裁量权，因此我国各地区之间的税收征管强度存在差异。已有研究发现这种差异对企业行为，比如企业治理和盈余管理等产生了不同影响（曾亚敏和张俊生，2009；叶康涛和刘行，2011），这种差异对企业避税策略的选择也可能造成显著影响。在税收征管强度高的地区，税务部门执法力度较大，企业采用“账税差异避税”策略被税务部门发现的概率较大，面临的处罚也可能较重，因此在这些地区企业采用“账税差异避税”的隐性成本更高，企业为了规避被处罚的风险，在权衡成本与收益之后可能更倾向于采用隐蔽性更强的“账税一致避税”策略。由此，我们提出第二个研究假设：

H2：地区税收征管强度对上市企业“账税差异避税”起抑制作用，对“账税一致避税”起促进作用。

我国是一个典型的转型经济体，虽然早已步入了市场经济，但政府在经济发展中仍然扮演着重要角色，直接或间接干预企业经营的现象普遍存在。由于负担着各种公共职能，每年必须进行大量的财政支出，地方政府为了平衡财政收支，常常需要挖空心思提高财政收入。税收是财政收入的重要来源，因此地方政府常常通过“约谈”等方式向地方企业，尤其是国有企业摊派纳税任务。在地方政府对企业的干预渠道中，税收是一种重要的方式（陈德球等，2016）。近年来随着中国经济发展速度变缓成为“新常态”，以及地方政府债务持续增加，政府的征税压力有增无减，有些地方甚至通过“补缴税”和“提前征收”等方式征收“过头税”来弥补税收缺口。各地政府的干预对企业的避税行为可能产生影响，我们预期在地方政府干预程度高的地区，由于硬性纳税任务的摊派，企业即使采用“账税一致避税”方式也难以成功减少所负担的纳税任务，而在地方政府干预程度低的地区，企业采用“账税一致避税”策略仍可能成功避税。我们使用的政府干预指标是樊纲等（2011）发布的中国地区市场化程度指数“减少政府干预”项目，这是一个反向指标，该数值越大，表示政府干预程度越小，为了便于解读后文的回归结果，我们按照指标变大的方向提出第三个研究假设：

H3：地方政府干预程度低的地区，上市企业“账税差异避税”和“账税一致避税”均被促进。（也即地方政府干预程度高的地区，上市企业“账税差异避税”和“账税一致避税”均被抑制。）

5.3　研究设计

5.3.1　样本选择和数据来源

本章选取 2003—2014 年所有 A 股非金融类上市公司作为初选样本。由于

2002 年我国取消了地方政府自行制定的“先征后返”所得税优惠政策，样本起始点选取在 2003 年在一定程度上避免了隐蔽的税收优惠政策带来的影响。样本选取至 2014 年止是因为本书创作时可以查阅到的《中国税务年鉴》只到 2014 年。同时，本章剔除了因部分变量缺失无法计算“账税一致避税”指标的样本，以及其余关键财务、审计、地区信息缺失的样本。本章依据证监会 2012 年颁布的《上市公司行业分类指导》划分行业，为了提高指标估算的精度，所有行业均保留两位行业代码，剔除同一年度 - 行业观测值小于 10 的样本后①，共有 49 个行业，最终得到 17453 个有效观测值。在回归时，对连续变量均进行了 1% 和 99% 水平上的缩尾处理。本章所有财务和地区经济数据来自于 CSMAR 数据库，母公司实际适用所得税税率来自于 WIND 数据库，政府干预程度来自于樊纲等（2011）发布的中国地区市场化程度指数“减少政府干预”项目，各地税收数据则通过查阅《中国税务年鉴》搜集。各回归模型中的样本量因所涉及的变量不同有所不同，具体信息在各相关表格中列出。

5.3.2　检验模型和变量设定

（1）“账税一致避税”程度的度量

$$CTP_{it} = \beta_0 + \beta_1 BTD_{it} + \beta_2 NEG_{it} + \beta_3 BTD_{it} \times NEG_{it} + \beta_4 NOL_{it} + \beta_5 EFF_{it} + \varepsilon_{it} \quad (5-1)$$

借鉴 Badertscher et al.（2016），根据我国情况稍作修改②，使用模型（5 - 1）估算企业当期支付的所得税税金占总资产比例（CTP），该模型的残差即为“账税一致避税”指标（CONF），模型涉及的变量及定义详见表 5 - 1。使用当期支付的所得税税金做分子，是因为与所得税费用相比，当期支付的所得税税金不会受到应计所得税项目（Tax Accruals，即会影响会计利润但不影响所得税支付的项目）的影响；使用上期期末资产总额做分母，是因为这一指标不会受到当期盈余管理行为的影响。使用这一比例度量企业避税程度的前提假设是具有相

---

① 借鉴 Badertscher et al.（2016）的处理方法。

② Badertscher et al.（2016）的原始模型是 $Ctp\_asset_{it} = \beta_0 + \beta_1 BTD_{it} + \beta_2 NEG_{it} + \beta_3 BTD_{it} \times NEG_{it} + \beta_4 NOL_{it} + \beta_5 \Delta NOL_{it} + \beta_6 Sales\_noa_{it} + \varepsilon_{it}$。由于我国上市企业未披露可抵扣亏损，我们根据上期税前利润是否小于零来推断当期该企业是否有可抵扣亏损。但这一方法无法准确计算出当期可抵扣亏损的变化量 ΔNOL_{it}，为了避免计算不准确带来的误差，我们权衡利弊之后将该项剔除。我们也根据前三期（t - 3 期至 t - 1 期）平均税前利润来推断可抵扣亏损进行了稳健性检验，结果无实质改变。

似规模的企业缴纳的所得税金额也相似，但现实中由于企业所处的行业不同、前期的盈利情况（是否存在可抵扣亏损）不同、采取的经营决策不同等，相似规模的企业缴纳的所得税可能并不相似，因此我们在估算时对这些因素也加以控制。我们采用分行业－年度的方式分别估算模型（5－1）的系数以控制行业和年度的影响。我们在模型中控制可抵扣亏损（NOL）以反映前期盈利情况的影响。企业实行的与税务筹划无关的经营决策也可能影响所得税税金占总资产的比例（CTP），比如企业为了吸引人才而支付高于行业平均水平的工资，出于战略发展目的增加研发投入等，均会增加当期费用，降低企业的会计利润和应税利润，进而减小企业当年支付的所得税税金和其占总资产的比例。为了减轻企业经营决策不同可能带来的影响，我们在模型（5－1）中控制了企业的经营效率（EFF），因为企业不同的经营决策往往反应在经营效率之中。由于“账税一致避税”和“账税差异避税”均会降低支付的所得税税金占总资产的比例，我们引入账税差异（BTD）以便分离出“账税差异避税”的影响。账税差异为正时更可能反映的是避税行为的影响，账税差异为负则不一定是企业避税行为引起的，因此我们引入账税差异正负标识（NEG）以及两者的交乘项 BTD × NEG 对这两种情况加以区分。由于“账税一致避税”指标（CONF）的计算是基于企业支付的所得税税金占总资产比例的，随着企业的避税程度增加，企业支付的所得税税金减小，因此“账税一致避税”指标（CONF）也随之减小，变化趋势与现金有效税率类似。

（2）检验模型

$$CONF = \beta_0 + \beta_1 GR + \beta_2 AF + \beta_3 ISSU + \beta_4 DA + \beta_5 ACQ + \beta_6 SIZE + \varepsilon \qquad (5-2)$$

$$CONF = \beta_0 + \beta_1 GR + \beta_2 AF + \beta_3 ISSU + \beta_4 DA + \beta_5 ACQ + \beta_6 SIZE + \beta_7 BIG4 + \beta_8 ENF + \beta_9 INTV + \varepsilon \qquad (5-3)$$

Badertscher et al.（2016）研究发现，资本市场压力对上市企业的“账税一致避税”程度起抑制作用，因此，我们首先采用模型（5－2）检验这一情况是否也存在于中国的上市企业中。其中，代表资本市场压力的变量有销售增长率（GR）、分析师跟踪（AF）、股票增发（ISSU）和操纵性应计（DA），市场压力随着这些指标的增大而增强。如果一个企业当期发生了大规模并购，当期支付的所得税税金与上期期末的资产总额之间的联系将不再紧密，因此，我们引入控制变量“企业并购（ACQ）”，当企业当年发生并购且支出的总价值超过企业原有总资产的 5% 时为 1，否则为 0。以往研究发现企业规模对企业避税程度有重要影响（Zimmerman，1983；Mills et al.，1998），为了排除我们的结果是由企业规模驱动的，我们在模型里对规模（SIZE）也进行了控制。

在探索资本市场压力对我国上市企业“账税一致避税”程度的作用之后，我们进一步考察了外部监督因素和政府干预对上市企业“账税一致避税”的影响。我们在模型（5－2）的基础上分别加入四大会计师事务所审计（BIG4），地区税收征管强度（ENF）和政府干预程度（INTV），并且将所有检验变量纳入模型（5－3）进行了联合检验。我们借鉴 Xu 等（2010）的处理方式，采用一个地区实际税收负担与估计税收负担之比作为该地区的税收征管强度指标（ENF）。税收负担使用以下模型进行估算：$Tax_{i,t}/GDP_{i,t} = \beta_0 + \beta_1 Trade_{i,t}/GDP_{i,t} + \beta_2 Prim_{i,t} + \beta_3 Second_{i,t} + \varepsilon$；其中，$Tax_{i,t}$代表地区 i 第 t 年的税收收入，$GDP_{i,t}$代表地区 i 第 t 年的国内生产总值，$Trade_{i,t}$代表地区 i 第 t 年末的进出口总额，$Prim_{i,t}$和 $Second_{i,t}$分别代表地区 i 第 t 年第一产业和第二产业分别占国内生产总值的比率。ENF 数值越大，表示该地区税收征管强度越高。政府干预程度（INTV）使用樊纲等（2010）发布的中国地区市场化程度指数中“减少政府干预”这一项进行衡量，这是个反向指标，“减少政府干预”指数越小，表示企业受到的政府干预程度越大。

$$CONF = \beta_0 + \beta_1 BIG4 + \beta_2 ENF + \beta_3 INTV + \beta_4 GR + \beta_5 AF + \beta_6 ISSU + \beta_7 DA + \beta_8 ACQ + \beta_9 SIZE + \beta_{10} NLF + \varepsilon \quad (5-4)$$

$$CTR3 = \beta_0 + \beta_1 BIG4 + \beta_2 ENF + \beta_3 INTV + \beta_4 GR + \beta_5 AF + \beta_6 ISSU + \beta_7 DA + \beta_8 ACQ + \beta_9 SIZE + \beta_{10} PPE + \varepsilon \quad (5-5)$$

为了检验本章的研究假设 H1、H2、H3 并考察企业“账税一致避税”策略与“账税差异避税”策略的互动关系，我们借鉴 Badertscher et al.（2016）采用模型（5－4）和模型（5－5）进行了似不相关回归。采用似不相关回归是因为模型（5－4）和模型（5－5）包含了太多相同的解释变量，两者的误差项可能高度相关，在这种情况下普通最小二乘法不再适用。我们采用现金有效税率度量企业的“账税差异避税”程度，并取 3 年（t－2 至 t 期）平均值进行了平滑，以与前人文献保持一致（Dyreng 等，2010）。为了便于系统识别，需要在模型（5－4）和模型（5－5）中各加入一个独特的解释变量（Badertscher et al.，2016），我们分别选取了清理固定资产净损失（NLF）和固定资产原值（PPE）①。

---

① Badertscher et al.（2016）选取了利息支出（INT_EXP）和固定资产原值（PPE）分别做为“账税一致避税”和“账税差异避税”的独特解释变量。但根据我们对中国上市企业的研究，利息支出与“账税一致避税”指标的关系并不显著，因此我们将其更换为清理固定资产净损失（Nl_fa）。

在进一步检验中，我们还按照产权性质不同进行了分组检验，并研究了税收重要性（IMP）对地区税收征管强度（ENF）的调节作用，我们将再进一步检验部分进行详细说明。表 5-1 总结了本章涉及的所有变量及定义：

表 5-1　　　　变量定义及说明

变量名称	变量标识	变量定义
支付的所得税税金占总资产比例	CTP	企业当年用于支付所得税的现金/上期期末资产总额
账税一致避税指标	CONF	根据模型（5-1）计算出的残差，详见正文
账税差异	BTD	（会计收益-当期所得税费用/实际适用所得税税率）/上期期末资产总额
账税差异正负标识	NEG	账税差异小于零时取值为 1，否则为 0
可抵扣亏损	NOL	上期税前利润小于零时取值为 1，否则为 0
经营效率	EFF	当期营业收入 / 净经营资产，其中净经营资产 = 股东权益 + 短期负债 + 长期负债 - 现金 - 短期投资
现金有效税率	CTR3	企业缴纳的现金所得税 / 税前利润（t-2 至 t 期的 3 年平均值），并缩尾至区间［0，1］
四大事务所审计	BIG4	企业当年由国际四大会计师事务所审计取值为 1，否则为 0
地区税收征管强度	ENF	地区税收征管强度大取值为 1，否则为 0
政府干预程度	INTV	樊纲等（2011）发布的中国地区市场化程度指数“减少政府干预”
销售增长率	GR	（当期营业收入-上期营业收入）/上期营业收入
分析师跟踪	AF	企业当年有分析师跟踪为 1，否则为 0
股票增发	ISSU	企业在 t 至 t+2 期有股票增发记为 1，否则为 0
操纵性应计	DA	由修正琼斯模型计算出的操纵性应计
企业并购	ACQ	企业当年发生并购，且支出的总价值超过企业原有总资产的 5% 为 1，否则为 0
企业规模	SIZE	企业总资产的自然对数
清理固定资产净损失	NLF	清理固定资产净损失/上期期末资产总额
固定资产原值	PPE	固定资产原值/上期期末资产总额
税收重要性	IMP	企业上期缴纳的现金所得税/地区上期所得税总收入

5.4 实证结果与研究分析

5.4.1 描述性统计与相关性检验

表5-2是主要变量的描述性统计结果。“账税一致避税”指标CONF的均值（中位数）约为0（-0.001），与Badertscher et al.（2016）的结果接近。现金有效税率CTR3的均值（中位数）为0.465（0.269），中位数小于均值，说明多数样本企业具有较低的实际税率。销售增长率GR的均值（中位数）约为0.069（0.117），中位数大于均值，说明大部分企业具有较高的销售增长率。分析师跟踪AF的均值为0.663，说明样本中66.3%的企业有分析师跟踪，比例略高于Badertscher et al.（2016）的样本。股票增发（ISSU）均值为0.123，说明12.3%的样本企业在研究区间有股票增发，比例略低于Badertscher et al.（2016）的样本。企业并购ACQ均值为0.131，说明13.1%的样本企业在研究区间发生了较大规模的并购。操纵性应计DA均值（中位数）分别为0.05（0.042），企业规模SIZE的均值（中位数）为21.681（21.543），BIG4均值（中位数）约为0.046（0.000），地区税收征管强度ENF均值（中位数）为0.943（0.914），INTV均值（中位数）为6.739（6.910），数据均处于合理范围之内。

表5-2　主要变量的描述性统计

变量	样本量	均值	标准差	25%	中位数	75%
CONF	17453	0.000	0.010	-0.004	-0.001	0.004
BIG4	17453	0.046	0.210	0.000	0.000	0.000
ENF	17397	0.943	0.213	0.780	0.914	1.067
INTV	17453	6.739	2.829	5.190	6.910	9.320
GR	17453	0.069	0.367	-0.012	0.117	0.233
AF	17453	0.663	0.473	0.000	1.000	1.000
ISSU	17453	0.123	0.329	0.000	0.000	0.000
DA	17453	0.050	0.135	-0.017	0.042	0.106
ACQ	17453	0.131	0.338	0.000	0.000	0.000
SIZE	17453	21.681	1.203	20.844	21.543	22.345
CTR3	17453	0.310	0.238	0.165	0.256	0.386

表5-3是主要变量之间的pearson相关系数，“账税一致避税”指标CONF与代表资本市场压力的四个变量之间的关系与Badertscher et al.（2016）的研究结论并不完全一致。其中，CONF与GR和DA至少在5%的水平上显著正相关，与Badertscher et al.（2016）的研究结果一致；但CONF与分析师跟踪AF显著负相关，与股票增发ISSU无显著相关性，与Badertscher et al.（2016）的研究结果不同。我们将于回归部分进一步分析造成这种不一致的原因。此外，CONF与代表外部监督的变量（BIG4、ENF）和政府干预程度（INTV）显著负相关，初步验证了我们的研究假设H1、H2、H3中关于“账税一致避税”与外部监督和政府干预的关系。

表5-3　　主要变量间的pearson相关系数

	(1)	(2)	(3)	(4)	(5)	(6)	(7)	(8)	(9)	(10)
(1) CONF	**1**									
(2) BIG4	**-0.016**	**1**								
(3) ENF	**-0.016**	**0.016**	**1**							
(4) INTV	**-0.023**	**0.049**	**-0.188**	**1**						
(5) AF	**-0.020**	**0.110**	**-0.036**	**0.090**	**1**					
(6) ISSU	0.007	-0.009	**0.040**	0.010	**0.058**	**1**				
(7) GR	**0.067**	**0.022**	-0.009	0.001	**0.146**	**0.042**	**1**			
(8) DA	**0.024**	-0.001	-0.015	0.007	**0.106**	**0.022**	**0.150**	**1**		
(9) ACQ	**0.040**	**-0.024**	-0.002	**-0.018**	**0.016**	**0.024**	**0.067**	**0.062**	**1**	
(10) SIZE	**0.022**	**0.338**	**0.047**	**0.019**	**0.355**	-0.007	**0.120**	**0.095**	-0.010	**1**
(11) CTR3	**0.093**	**-0.043**	**0.025**	**-0.125**	**-0.328**	**-0.021**	**-0.076**	**-0.064**	-0.001	**-0.256**

注：黑体字表示至少在5%的水平显著。

5.4.2　多元回归分析

表5-4中，第（1）列是“账税一致避税”指标CONF与资本市场压力的关系，第（2）至（4）列分别加入了四大会计事务所审计BIG4、地区税收征管强度ENF和政府干预INTV，第（5）列将资本市场压力和BIG4、ENF、INTV全部纳入模型进行了检验。回归结果显示，除了销售增长率GR和CONF在1%水平上显著正相关，与Badertscher et al.（2016）的研究结果一致外，其余3个资本

市场压力变量与 CONF 的关系均未在我们的样本中得到验证。其中，股票增发 ISSU 和操纵性应计 DA 与 CONF 无显著相关性，而分析师跟踪 AF 与 CONF 在 1% 的水平上显著负相关（造成这种差异的可能原因我们在后文进行了详细分析）。表 5 - 4 第（2）和第（5）列中，BIG4 与 CONF 在 10% 的水平上显著负相关，说明四大会计事务所审计对企业的“账税一致避税”程度起促进作用，支持了研究假设 H1 关于四大会计事务所审计和企业“账税一致避税”关系的预测；第（3）和第（5）列中，ENF 与 CONF 在 1% 的水平上显著负相关，说明地区税收征管强度高的地区，上市企业“账税一致避税”程度较大，支持了研究假设 H2 关于地区税收征管强度和企业“账税一致避税”关系的预测；第（4）和第（5）列中，INTV 与 CONF 在 1% 的水平上显著负相关，说明在地方政府干预程度较低（INTV 越大）的地区，企业的“账税一致避税”程度较大（CONF 越小），支持了研究假设 H3 关于地方政府干预和企业“账税一致避税”关系的预测。

表 5 - 4　“账税一致避税”程度的影响因素

变量	CONF				
	(1)	(2)	(3)	(4)	(5)
GR	0.002*** (6.748)	0.002*** (6.700)	0.002*** (6.691)	0.002*** (6.760)	0.002*** (6.650)
AF	-0.001*** (-5.252)	-0.001*** (-5.242)	-0.001*** (-5.563)	-0.001*** (-5.028)	-0.001*** (-5.322)
ISSU	0.000 (0.744)	0.000 (0.739)	0.000 (0.564)	0.000 (0.716)	0.000 (0.509)
DA	0.001 (0.583)	0.000 (0.532)	0.001 (0.563)	0.001 (0.603)	0.000 (0.537)
ACQ	0.001*** (3.310)	0.001*** (3.283)	0.001*** (3.401)	0.001*** (3.240)	0.001*** (3.286)
SIZE	0.000* (1.918)	0.000** (2.483)	0.000** (2.054)	0.000* (1.961)	0.000*** (2.647)
BIG4		-0.001* (-1.927)			-0.001* (-1.754)

续表

变量	CONF				
	(1)	(2)	(3)	(4)	(5)
ENF			-0.001*** (-2.719)		-0.002*** (-3.376)
INTV				-0.000*** (-2.698)	-0.000*** (-3.415)
CONS.	-0.004* (-1.927)	-0.005** (-2.470)	-0.003 (-1.385)	-0.004* (-1.840)	-0.004* (-1.672)
IND&YEAR	Yes	Yes	Yes	Yes	Yes
N	17453	17453	17397	17453	17397
Adj. R^2	0.017	0.017	0.017	0.017	0.019

注：表中数据为各自变量的回归系数，括号内为经过 cluster 修正后的 T 值；***，**，* 分别表示在 1%，5%，10% 统计意义上显著。

为了考察企业“账税一致避税”程度与“账税差异避税”程度的互动关系，全面验证研究假设 H1、H2、H3，我们进行了似不相关回归，回归结果如表 5-5 所示。第（1）、（2）列是对全样本进行的似不相关回归，由于我们参照 Badertscher et al.（2016）的做法增加了便于系统识别的特征变量清理固定资产净损失（NLF）和固定资产原值（PPE），样本数量与表 5-4 相比有所减少。表 5-5 第（1）列结果与表 5-4 第（5）列结果基本相同。结合 5-5 第（2）列结果来看，BIG4 对企业的“账税差异避税”起抑制作用，而对“账税一致避税”起促进作用，两种避税策略在 BIG4 的影响下呈现出较强的替代关系，印证了我们的研究假设 H1。地区税收征管强度 ENF 对“账税一致避税”程度起促进作用，可能原因是在税收征管强度大的地区，采取“账税差异避税”策略被发现的几率更高，代价更大，企业更倾向于选择“账税一致避税”策略，两种策略在 ENF 的影响下可能存在替代的关系。由于表 5-5 第（2）列 TE 的系数并未显著为正，我们的样本并不能为这种替代关系提供有力的验证①，回归结果仅支持了研究假设 H2 中关于地方税收征管强度与“账税一致避税”的关系。政府干预 INTV 与 CONF 和 CTR3 均在 1% 的程度上显著负相关，说明政府干预对两种避税

① TE 系数在第（2）列不显著也可能是因为根据以往研究，影响“账税差异避税”的可能因素很多，在此为了方便与“账税一致避税”进行对比，我们未能一一控制。

策略均起到抑制的作用，两种策略在政府干预的情况下呈现出互补的关系，支持了研究假设 H3。两种策略在 ENF 和 INTV 的影响下呈现出不同关系，是因为尽管地区税收征管强度和政府干预都代表了政府对企业的影响，两者还存在着细微的区别。地区税收征管强度（ENF）主要度量了税务部门的工作力度，更偏向有理有据的监管；而政府干预（INTV）包含的范围更加广泛，更偏向行政命令式的干预。对于合理合法的监管，企业能够采取更加隐蔽的方式进行规避，如从账税差异的避税方式转向账税一致的避税方式，因此在 ENF 的影响下两者可能存在替代关系。对于行政命令式的干预，即使采取隐蔽的方式，往往也难以成功规避，因此两者在 INTV 的影响下呈现出互补的关系。分析师跟踪 AF 与 CONF 仍然显著负相关，即分析师跟踪促进了企业"账税一致避税"行为，与 Badertscher et al.（2016）的研究结果相反。其原因可能是分析师跟踪不仅代表企业资本市场压力的增加，也代表了企业信息环境的改善（Lang et al.，2003）。分析师跟踪提供了财务报表以外的获取企业信息的渠道，减少了企业由于信息不对称引起的隐性避税成本（吕伟，2010），进而使企业更加敢于采取可能降低会计利润的避税行为（"账税一致避税"行为），但我们预期这种作用在分析师带来的资本市场压力足够大的情况下会被抵消。当企业的实际每股收益（EPS）低于分析师预测的平均每股收益，或者刚刚超过分析师预测时，面临的分析师带来的资本市场压力较大。因此，我们选取了实际 EPS 与预测 EPS 之差小于 0.01 元的样本重新进行了似不相关回归，结果如表 5-5 第（3）列所示，AF 与 CONF 的关系不再显著，印证了我们的猜测。

表 5-5　"账税一致避税"与"账税差异避税"的互动关系——似不相关回归

变量	全样本		实际 EPS - 预测 EPS≤0.01 元	
	CONF	CTR3	CONF	CTR3
	(1)	(2)	(3)	(4)
BIG4	-0.001*** (-2.624)	0.040*** (3.209)	-0.002*** (-2.676)	0.033* (1.653)
ENF	-0.002*** (-3.813)	-0.008 (-0.599)	-0.004*** (-3.060)	-0.005 (-0.197)
INTV	-0.000*** (-4.369)	-0.004*** (-4.624)	-0.000*** (-3.202)	-0.005** (-2.501)

续表

变量	全样本		实际 EPS - 预测 EPS≤0.01 元	
	CONF	CTR3	CONF	CTR3
	(1)	(2)	(3)	(4)
GR	0.002 *** (9.673)	-0.067 *** (-9.345)	0.002 ** (2.319)	-0.044 ** (-2.480)
AF	-0.001 *** (-5.341)	-0.116 *** (-19.160)	-0.000 (-0.027)	-0.056 *** (-3.948)
ISSU	0.000 (0.321)	0.015 * (1.794)	-0.000 (-0.297)	0.006 (0.375)
DA	0.000 (0.386)	-0.139 *** (-7.201)	-0.000 (-0.042)	-0.113 *** (-3.210)
ACQ	0.001 *** (4.456)	0.016 ** (2.158)	0.003 *** (3.850)	0.005 (0.345)
SIZE	0.000 *** (3.201)	-0.049 *** (-18.900)	0.000 (0.238)	-0.054 *** (-9.558)
NLF	-0.035 ** (-2.552)		0.008 (0.223)	
PPE		0.003 (0.189)		-0.008 (-0.320)
CONS.	-0.004 * (-1.836)	2.124 *** (33.470)	0.003 (0.436)	2.125 *** (15.250)
IND&YEAR	Yes	Yes	Yes	Yes
N	16866	16866	3193	3193
Adj. R^2	0.020	0.309	0.034	0.477

注：表中数据为各自变量的回归系数，括号内为经过 T 值；***，**，*分别表示在1%，5%，10%统计意义上显著。

5.4.3　进一步检验和稳健性检验

（1）进一步检验

国有企业在中国经济中具有重要地位，在上市企业中也占有较大的比重，大量文献发现它们与非国有企业在避税方面有不同的表现。为了进一步探索不同产权性质下企业"账税一致避税"行为的差异，我们按照产权性质不同，将样本划分为非国有企业与国有企业，分别进行了似不相关回归，结果如表5－6所示。在按产权性质划分样本后，总体而言，在非国有企业样本中资本市场压力（GR、ISSU和DA）对"账税一致避税"程度的抑制作用更加明显，在国有样本中外部监督（BIG4和TanEnf）和政府干预（INTV）的影响更加明显。表5－6第（1）列的结果显示，对于非国有企业，除了分析师跟踪AF之外，其余代表企业资本市场压力的变量与CONF至少在5%的显著水平上正相关，与Badertscher et al.（2016）的研究结果一致；而BIG4、ENF和INTV与CONF的相关系数尽管符号未发生改变，但在统计上不再显著。表5－6第（3）列的结果显示，对于国有企业，除了销售增长率GR以外，其余代表资本市场压力的变量均未对CONF产生显著抑制作用，其中AF和ISSU甚至起到了促进作用，与Badertscher et al.（2016）的研究结果不同。AF促进CONF的可能原因前文已有详细分析，在此不再赘述；由于国有企业各方面的复杂性，国有企业股票增发的动机不一定是单纯的融资（比如通过股票增发引入民营资本、向上市公司注入优质资产等），而国有企业背后的政治资源也可能使股票的增发对象并不十分关注企业账面的会计利润，因此国有企业的股票增发对其"账税一致避税"程度CONF并无明显抑制作用。在地区税收征管强度（ENF）大的地区或政府干预程度（INTV）高的地区，国有企业往往更容易受到税务部门和政府的关注，而且由于政府与国有企业天然的"父子关系"，政府对国有企业的监管相对容易，因此ENF和INTV在国有企业组的作用更加显著。

表5－6　国有企业和非国有企业两种避税策略的互动关系——似不相关回归

变量	非国有		国有	
	CONF	CTR3	CONF	CTR3
	(1)	(2)	(3)	(4)
BIG4	－0.001 (－0.947)	0.042 (1.513)	－0.001** (－2.110)	0.030** (2.271)
ENF	－0.001 (－1.441)	－0.002 (－0.0932)	－0.002*** (－3.748)	－0.001 (－0.0628)
INTV	－0.000 (－0.951)	－0.002 (－1.404)	－0.000*** (－4.580)	－0.007*** (－6.116)

续表

变量	非国有		国有	
	CONF	CTR3	CONF	CTR3
	(1)	(2)	(3)	(4)
GR	0. 002 *** (6. 494)	-0. 050 *** (-4. 886)	0. 003 *** (7. 332)	-0. 082 *** (-8. 189)
AF	-0. 001 *** (-3. 725)	-0. 084 *** (-8. 624)	-0. 001 *** (-3. 485)	-0. 149 *** (-19. 360)
ISSU	0. 001 ** (2. 450)	0. 009 (0. 701)	-0. 001 * (-1. 807)	0. 014 (1. 241)
DA	0. 002 ** (2. 169)	-0. 058 * (-1. 921)	-0. 001 (-1. 615)	-0. 234 *** (-9. 510)
ACQ	0. 001 *** (3. 613)	0. 019 * (1. 787)	0. 001 *** (2. 586)	0. 011 (1. 143)
SIZE	0. 000 ** (1. 975)	-0. 068 *** (-15. 66)	0. 000 ** (2. 154)	-0. 028 *** (-8. 223)
NLF	-0. 056 *** (-2. 712)		-0. 016 (-0. 873)	
PPE		-0. 065 *** (-2. 741)		0. 056 *** (3. 155)
CONS.	-0. 006 * (-1. 657)	2. 500 *** (22. 460)	-0. 003 (-0. 938)	1. 684 *** (20. 840)
IND&YEAR	Yes	Yes	Yes	Yes
N	7678	7678	9188	9188
Adj. R^2	0. 027	0. 230	0. 026	0. 400

注：表中数据为各自变量的回归系数，括号内为 T 值；***，**，* 分别表示在 1%，5%，10% 统计意义上显著。

为了进一步考察地区税收征管强度对企业“账税一致避税”行为的影响，我们还引入了税收重要性指标 IMP，一个企业在当地的税收重要性等于该企业上期缴纳的现金所得税除以所在地区上期所得税总收入。IMP 越大，说明企业上期缴纳税金对地区所得税收入的重要性越高，因此在本期可能受到的税务部门更多的关注。对于非国有企业而言，在地区税收征管强度高的地区，越被税务部门关注，采用“账税差异避税”的风险越大，因此更倾向于采用账税一致的避税方式，我们预计交乘项 IMP × ENF 在非国有企业组显著为负；而国有企业由于产权性质的特殊性，在地区税收征管强度高的地区，即使税收重要性不高也往往是税务部门关注的对象，且更加容易监督，因此交乘项 IMP × ENF 在国有企业组可能没有显著影响。表 5－7 第（3）和（5）列 IMP × ENF 的系数印证了我们的分析。

表 5－7　税收征管强度与税收重要性的关系——似不相关回归

变量	全样本		非国有		国有	
	(1)	(2)	(3)	(4)	(5)	(6)
	CONF	CTR3	CONF	CTR3	CONF	CTR3
BIG4	-0.001** (-2.398)	0.039*** (2.942)	-0.001 (-0.690)	0.041 (1.431)	-0.001** (-2.021)	0.032** (2.231)
ENF	-0.001** (-2.413)	-0.003 (-0.226)	-0.000 (-0.363)	-0.002 (-0.065)	-0.002*** (-2.641)	0.005 (0.294)
INTV	-0.000*** (-3.704)	-0.004*** (-4.184)	-0.000 (-0.835)	-0.002 (-1.104)	-0.000*** (-3.848)	-0.008*** (-5.972)
IMP	0.000** (1.976)	0.002 (1.337)	0.000** (2.326)	0.004 (0.962)	0.000 (1.309)	0.002 (0.892)
IMP × ENF	-0.000* (-1.800)	-0.002 (-1.477)	-0.000** (-2.418)	-0.004 (-0.942)	-0.000 (-1.095)	-0.002 (-1.255)
GR	0.002*** (9.258)	-0.074*** (-9.761)	0.002*** (6.218)	-0.056*** (-5.216)	0.003*** (6.940)	-0.094*** (-8.747)
AF	-0.001*** (-5.515)	-0.122*** (-19.030)	-0.001*** (-3.898)	-0.083*** (-8.259)	-0.001*** (-3.430)	-0.163*** (-19.730)
ISSU	0.000 (0.359)	0.014 (1.595)	0.001*** (2.582)	0.008 (0.575)	-0.001* (-1.885)	0.012 (1.086)
DA	-0.000 (-0.158)	-0.153*** (-7.556)	0.002** (2.021)	-0.065** (-2.097)	-0.002** (-2.349)	-0.257*** (-9.823)

续表

变量	全样本		非国有		国有	
	(1)	(2)	(3)	(4)	(5)	(6)
	CONF	CTR3	CONF	CTR3	CONF	CTR3
ACQ	0.001*** (4.730)	0.012 (1.506)	0.001*** (3.859)	0.014 (1.220)	0.001*** (2.665)	0.008 (0.778)
SIZE	0.000** (2.406)	-0.045*** (-15.950)	0.000 (1.392)	-0.066*** (-13.850)	0.000 (1.605)	-0.022*** (-5.699)
NLF	-0.038*** (-2.679)		-0.069*** (-3.264)		-0.009 (-0.457)	
PPE		-0.012 (-0.818)		-0.091*** (-3.677)		0.051*** (2.699)
CONS.	-0.004 (-1.504)	2.094*** (24.950)	-0.001 (-0.211)	2.439*** (14.590)	-0.004 (-1.132)	1.620*** (15.890)
IND&YEAR	Yes	Yes	Yes	Yes	Yes	Yes
N	15802	15802	7383	7383	8419	8419
Adj. R^2	0.021	0.230	0.029	0.185	0.028	0.308

注：表中数据为各自变量的回归系数，括号内为T值；***，**，*分别表示在1%，5%，10%统计意义上显著。

（2）稳健性检验

我们还进行了以下稳健性检验：①估算“账税一致避税”程度时使用所得税费用替代当期支付的所得税税金做分子以排除所得税跨期支付的影响（见表5-8和表5-9）；②在估算“账税一致避税”程度（CONF）时根据前三期（t-3期至t-1期）平均税前利润来推断企业当期是否存在可抵扣亏损（NOL）；③用分析师跟踪人数作为连续变量替代是否有分析师跟踪（AF）这一虚拟变量；④用国内十大会计师事务所（Big10）替代国际四大会计师事务所；⑤用Kothari模型估算操纵性应计。以上稳健性检验均得到了类似的结果。

表 5－8　两种避税策略的互动关系——所得税费用替代当期支付的所得税税金

变量	全样本		实际 EPS－预测 EPS≤0.01 元	
	CONF	CTR3	CONF	CTR3
	(1)	(2)	(3)	(4)
BIG4	－0.001** (－2.432)	0.052*** (4.158)	－0.002*** (－2.788)	0.044** (2.212)
ENF	－0.001*** (－4.289)	－0.004 (－0.285)	－0.003*** (－3.468)	－0.002 (－0.0709)
INTV	－0.000*** (－3.330)	－0.005*** (－5.400)	－0.000*** (－2.992)	－0.004** (－2.412)
GR	0.000*** (2.863)	－0.074*** (－10.780)	0.001** (2.396)	－0.055*** (－3.117)
AF	－0.001*** (－3.240)	－0.126*** (－20.850)	0.000 (－0.727)	－0.064*** (－4.549)
ISSU	0.000 (－0.587)	0.014 (1.639)	0.000 (0.069)	0.005 (0.317)
DA	0.003*** (5.677)	－0.136*** (－7.108)	0.002** (1.973)	－0.114*** (－3.206)
ACQ	0.001** (2.425)	0.016** (2.163)	0.001*** (2.894)	0.005 (0.329)
SIZE	0.000*** (3.836)	－0.055*** (－21.580)	0.000 (0.522)	－0.059*** (－10.450)
NLF	0.000 (0.019)		0.023 (0.832)	
PPE		0.019 (1.345)		－0.002 (－0.088)
CONS.	－0.002 (－1.372)	2.280*** (36.350)	0.002 (0.381)	2.232*** (15.960)
IND&YEAR	Yes	Yes	Yes	Yes
N	17306	17306	3234	3234
Adj. R^2	0.025	0.305	0.044	0.470

注：表中数据为各自变量的回归系数，括号内为 T 值；***，**，*分别表示在 1%，5%，10%统计意义上显著。

表 5－9　　国有企业和非国有企业两种避税策略的互动关系——所得税费用替代当期支付的所得税税金

变量	非国有		国有	
	CONF	CTR3	CONF	CTR3
	(1)	(2)	(3)	(4)
BIG4	0.000 (－0.395)	0.045 (1.592)	－0.001* (－1.955)	0.043*** (3.188)
ENF	0.000 (－0.300)	0.007 (0.317)	－0.002*** (－5.171)	－0.002 (－0.139)
INTV	0.000 (0.877)	－0.003** (－2.131)	－0.000*** (－4.849)	－0.007*** (－6.106)
GR	0.000** (2.065)	－0.055*** (－5.547)	0.001** (2.102)	－0.089*** (－9.256)
AF	0.000 (－0.987)	－0.098*** (－10.140)	－0.001*** (－3.296)	－0.154*** (－19.880)
ISSU	0.000 (1.498)	0.009 (0.693)	－0.001** (－1.975)	0.013 (1.143)
DA	0.003*** (4.854)	－0.056* (－1.900)	0.002*** (3.229)	－0.226*** (－9.145)
ACQ	0.000 (1.205)	0.022** (2.051)	0.001** (2.140)	0.009 (0.937)
SIZE	0.000** (2.046)	－0.077*** (－17.820)	0.000*** (2.636)	－0.036*** (－10.510)
NLF	0.001 (0.040)		－0.003 (－0.205)	
PPE		－0.059** (－2.484)		0.074*** (4.200)
CONS.	－0.002 (－0.949)	2.695*** (24.530)	－0.001 (－0.593)	1.869*** (23.320)
IND&YEAR	Yes	Yes	Yes	Yes
N	7885	7885	9421	9421
Adj. R^2	0.027	0.236	0.037	0.389

注：表中数据为各自变量的回归系数，括号内为 T 值；***，**，*分别表示在 1%，5%，10%统计意义上显著。

5.5 本章小结

为了弥补现有研究仅仅关注企业“账税差异避税”策略的不足，我们研究了中国上市企业“账税一致避税”策略及其外部影响因素。我们发现中国上市企业“账税一致避税”程度不仅受到资本市场压力的影响，还受到外部监管（国际四大会计师事务所审计和地区税收征管强度）和政府干预的影响，其中，非国有企业主要受到资本市场压力的影响，而国有企业主要受到外部监管和政府干预的影响。我们的发现为研究中国上市企业避税策略提供了新视角，也丰富了对国有企业避税策略的认识，同时在 Badertscher et al.（2016）的基础上将“账税一致避税”程度的影响因素进一步扩展到了独立审计师、税收监管和政府干预等外部监管力量。“账税一致避税策”略尽管会给企业的会计利润带来不利影响，但由于其较高的隐蔽性，当企业面对强大的外部监管时这种避税策略可能比“账税差异避税”策略更具有优势，我们的研究为全面分析企业的避税策略提供了更加完整的框架。本章的不足之处在于，所使用的“账税一致避税”度量指标不能跟向下盈余管理充分区分开来，但避税也是向下盈余管理的一种重要动机，对这一部分文献，我们的指标不失是一种更加直接的度量。

第6章　企业避税和未来经营绩效——杜邦分析法

6.1　问题提出

企业是否从事避税活动取决于避税的边际成本和边际收益之间的权衡（Allingham and Sandmo，1972），因此，企业避税的经济后果是避税研究中的重点问题。企业的避税行为对股东、经理人以及政府均有直接或间接的影响，文献关注最多的是对股东（即企业价值）的影响，然而现有研究尚未得出一致结论。目前文献普遍认为避税对企业价值的影响可以分为价值创造观和价值损毁观（代理观）两种。避税的价值创造观认为避税行为能够为企业节约更多的现金流，提高企业的税后净利润（Graham and Tucker，2006；Wilson，2009；Lisowsky et al.，2013）。而避税的价值损毁观认为由于代理问题的存在，企业避税行为往往伴随经理人寻租（Desai et al.，2007；Desai and Dharmapala，2009），尤其是在治理较差的企业，这种寻租行为会抵消避税对企业价值的提升作用，甚至造成对企业价值的损害。目前研究企业避税和企业价值关系的文献大多存在两点不足。

第一，在企业避税程度的度量方面，由于目前广泛使用的避税指标如账面有效税率（GAAP ETR）、现金有效税率（Cash ETR）、账税差异（BTD）等都是以税前会计利润为基准的，因此大部分研究反映的是能降低企业所得税负担而不影响会计利润的避税策略（Hanlon and Heitzman，2010），我们将这种策略称为“账税差异避税”。然而，现实中企业也常常利用“推迟确认收入”或“虚列费用”等同时减少应税利润和会计利润的方式逃避税收负担的“账税一致避税”策略。Badertscher et al.（2016）利用美国数据研究发现，“账税一致避税”策略不仅存在于非上市企业中，也不同程度地存在于上市企业中。而中国股市股价同步性较大，“同涨同跌”现象严重的特点（Morck et al.，2000；Jin and Myers，2006），使企业自身信息（包括会计利润）对股票价格的决定作用不大，因此中国上市企业采用“账税一致避税”策略比美国企业采用这一策略的非税成本更小，更可能使用这种避税策略。我们借鉴 Badertscher et al.（2016）的方法计算出中国上市企业“账税一致避税”程度，发现其变化趋势与用现金有效税率计算的“账税差异避税”程度的变化趋势并不完全相同（如图 6－1 所示），因此仅用“账税差异避税”程度衡量企业的避税程度有以偏概全之嫌。为了更加全面地衡量企业考虑这两种避税策略之后的整体避税程度与企业价值的影响，我们利用排序的方式将这两种指标合成一个指标度量企业的整体避税程度。

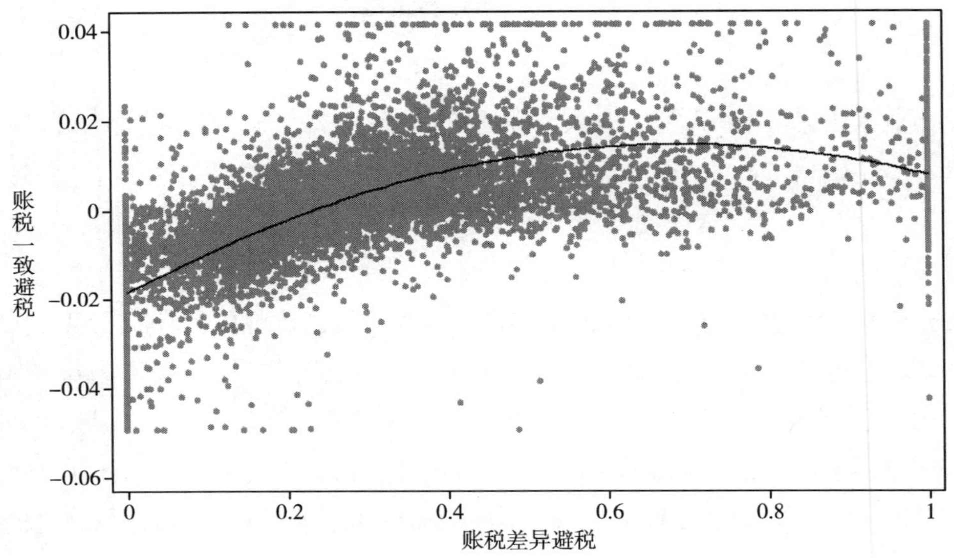

图 6－1　企业“账税一致避税”与“账税差异避税”相对趋势

第二，在经济后果方面，大部分研究避税经济后果的文献直接使用托宾 Q 或者资本市场反应度量企业的价值，而对企业避税情况下基本经营状况的变化缺乏关注。企业价值的根本决定因素是企业未来的盈利能力和风险，企业目前的经营状况和对企业未来盈利能力的预期往往是企业估值的重要影响因素（Ohlson，1995），而企业的经营状况往往通过代表企业经营绩效的会计指标体现（如负债率、盈利能力和资本利用率），因此探索企业避税和经营绩效之间的关系有助于更加深入地理解企业避税影响企业价值的具体机制。基于这一原因，Katz et al.（2015）采用杜邦分析法（Nissim and Penman，2003），利用美国企业的数据考察了企业避税与经营绩效之间的关系，发现企业避税会降低企业未来的税前会计回报率。由于我国股票市场的有效性与西方发达经济体存在差异，托宾Q 等基于股票市场的指标往往无法反映企业的真实价值，直接分析企业避税对企业经营绩效的影响更加符合中国上市企业的制度特点，因此我们借鉴 Katz 的研究方法，以期更加深入地了解企业避税和公司基本经营状况之间的关系。

我们以 2007—2014 年沪深两市 A 股非金融类上市企业为样本，实证发现同时考虑“账税一致”和“账税差异”这两种避税策略时，中国上市企业避税程度与未来税前资本回报率、税前净经营资产回报率和税前经营资产回报率显著正相关，并且这种相关关系随着时间减弱。使用杜邦分析法分解税前净经营资产回报率，我们发现企业避税尽管提高了盈利能力（与税前营业利润率显著正相关），但降低了资产利用率（与资产周转率显著负相关），同时与税前财务杠杆效应和税前经营负债效应呈现出微弱的负相关关系。按照企业产权性质分组检验发现，企业避税对国有企业盈利能力的提高效应和资产利用率的降低效应更强。按照机构投资者持股比例分组检验发现，企业避税对机构持股比例较高的企业（即治理较好的企业）盈利能力的提高效应更强。本章的创新和研究贡献主要有两点。第一，同时考虑“账税一致避税”和“账税差异避税”策略构成了更加完整的研究框架，为企业的整体避税程度提供了更加全面的衡量。“账税一致避税”程度和“账税差异避税”程度体现出的不尽相同的变化趋势，说明仅仅考察“账税差异避税”与企业价值的关系得出的结论并不全面，综合考虑两种避税策略的影响有助于得到更加准确的结论。第二，企业经营绩效的是企业未来价值的根本决定因素，直接考察企业避税和经营绩效的关系，有助于更加深入的理解企业避税影响企业价值的具体机制和渠道。

本章余下部分安排如下：第二部分为文献回顾与研究假设，第三部分为研究设计，第四部分为实证结果与研究分析，第五部分为研究结论。

6.2 文献回顾与研究假设

企业避税对企业价值的影响大致可以分为价值创造观和价值损毁观（代理观）两种。在企业两权分离带来的代理问题引起学者的重视以前，避税领域的文献基本采用的是价值创造观，认为企业的避税活动可以通过减少向税务机关支付的利润份额而为股东创造更多的自由现金流、增加企业的净资产、改善企业的财务状况。Graham and Tucker（2006）发现在他们研究的44个样本中，每年通过税务筹划平均节省的税款相当于隐藏了规模达到总资产9%的利润。根据Wilson（2009）和Lisowsky et al.（2013）的估算，美国企业每年通过税务筹划节省的联邦所得税平均规模介于206万~376万美金。De Simone and Stomberg（2012）发现投资者对企业避税赋予正的价值，而且这种影响在利润便于转移的企业几乎翻倍，但这种关系在2007年FIN48（《所得税不确定性会计处理方法》）开始实施之后有所减弱。尽管企业避税能够节约可观的税收，由于代理问题的存在（Chen and Chu，2005；Crocker and Slemrod，2005；Desai and Dharmapala，2006；Desai et al.，2007），避税活动能否提升企业价值充满争议。避税的价值损毁观（代理观）认为，企业避税为经理人寻租提供了更多机会（Desai and Dharmapala，2006；Desai et al.，2007），尤其是在治理机制较差的企业，避税引起的代理问题给公司价值带来的不良影响可能部分或完全抵消避税本身对企业税后价值的提升作用。Desai et al.（2007）提出，企业内部人通过构建复杂的组织结构以促进同时降低企业税收和挪用公司资源的交易的实施，经理人和大股东的这种寻租行为对企业价值有负面影响。他们通过某人当选某国总统做为外生事件，实证验证了在法定税率不变的情况下，税收征管力度的增强能够间接抑制经理人和大股东的寻租机会，从而提高企业价值。Hanlon and Slemrod（2009）研究发现媒体披露企业卷入税务筹划时，市场会出现负向反应，这种反应既出于对企业因避税带来的政治成本的顾虑，也出于对企业可能存在损害投资者利益行为的担心。相对欧美国家，我国上市企业股权相对集中，控股大股东的存在是中国上市企业的特色，他们对企业的经营决策也有重要影响，由于现代企业金字塔型持股结构造成的控制权和现金流权的分离，其在企业中的角色究竟是“监督者”还是“掏空者”在学术界也存在争议。比如郑国坚等（2013）发现，面对财务困境时大股东对上市企业资金占用行为明显，掏空动机强烈；而王化成等（2015）则发现第一大股东持股比例越高，企业未来的股价崩盘风险越小，体现出“监督效应”或“更少掏空效应”。综上所述，由于避税活动对企业价值的影响具有双重性，以及我国上市企业中两类代理问题的存在，企业避税对企业价值和经营绩效的具体影响方向和程度成为一个有待实证检验的问题。

在其余情况相同时，如果企业将通过避税活动节约的资金投入净现值为正的项目，企业就能提高未来的经营绩效，进而提高企业的价值；反之，如果企业将节约的资金投入净现值为负的项目，或者通过经理人“寻租”被挪用，则会损害企业未来的经营绩效，降低企业的价值。在价值创造和价值损毁这两种作用方向下，企业避税与未来经营绩效之间的关系有多种可能，在实证检验之前无法确定影响方向与程度，因此我们以零假设的方式提出第一个研究假设：

H1：企业避税与未来经营绩效之间无显著相关关系。

我国是一个典型的转型经济体，大量国有企业的存在是我国制度背景的重要特点之一。与美国等西方发达国家相比，国有企业在中国国民经济中占有较大比重，它们在诸多方面与非国有企业存在差异。比如融资渠道方面，国有企业由于与政府具有天然的“父子关系”，往往能够优先获得银行贷款；考核标准方面，由于国有企业承担着大量的社会责任，国有企业的考核体系与非国有企业存在差异，尽管大部分文献认为非国有企业经理的薪酬激励更加绩效导向，也有文献发现国有企业 CEO 的薪酬和解职与会计绩效的敏感程度高于非国有企业（姜付秀等，2014）；代理成本方面，国有企业由于所有者缺位，造成了扭曲的委托代理关系，对国有企业经理人的监督不足可能为其提供更大的寻租机会；在税收方面，国有企业与非国有企业的避税动机也不尽相同，有的研究发现国有企业在避税倾向上更加保守，承担了更多的税收负担（郑红霞和韩梅芳，2008；吴联生，2009；王跃堂等，2010；Bradshaw et al.，2012；刘慧龙和吴联生；2014），还有的研究发现国有企业通过游说获得更多的税收优惠，税收负担较轻（刘骏和刘峰，2014）。已有研究发现，企业所有权性质对上市企业经营绩效的影响存在明显不同（徐莉萍等，2006），而且会对其余因素（比如超额薪酬）与经营绩效之间的关系产生影响（唐松和孙铮，2014），因此，我们预期产权性质对企业避税和经营绩效之间的关系也可能存在差异。由于影响方向无法提前确定，我们也以零假设的方式提出第二个研究假设：

H2：企业避税与未来经营绩效之间的关系在国有企业和非国有企业之间不存在差异。

大量研究发现企业避税对企业价值的最终影响取决于治理情况。Desai and Dharmapala（2009）通过异常会计——税收差异（度量企业避税程度）和市值账面比（Market - To - Book，度量公司价值）发现企业避税和企业价值之间总体上未体现出相关性，但这种关系存在截面差异，在机构持股比例（度量公司治理情况）高的企业，避税与企业价值显著正相关，即在公司治理机制良好的情况下，企业避税才能为股东创造价值。类似的，Wilson（2009）发现在公司治理机制良好的情况下，税收规避企业显示出正的异常收益率，显示出避税的价值创造作用，而当公司治理机制不好时这种作用被削弱。延续避税的代理观，Kim et al.（2011）使用大样本研究了企业避税和企业自身股价崩盘风险之间的关系，发现两者之间显著正相关，其原因在于避税为经理人寻租和坏消息的隐瞒等机会主义行为提供了工具和掩护，使其得以长期存在，当坏消息日渐月累达到一个突破点时，将同时被全部暴露出来，引起股票价格的崩盘。企业避税与股价崩盘风险之间的正相关关系在企业具有较强的外部治理机制时会减弱，比如拥有较高的机构持股比例、较多的分析师跟踪和在控制权市场面临较大的接管威胁时。刘行和叶康涛（2013）使用中国数据研究发现，避税引起的信息不透明可能导致经理人的道德风险，影响企业的投资效率，企业避税引发了过度投资，避税程度与非效率的投资额度显著正相关，并且完善的公司治理机制能够抑制这种影响。然而 Blaylock（2012）研究发现，即使在治理较差的企业中，企业避税也能够提高企业的经营绩效。延续前面两个假设的零假设方式，我们提出第三个研究假设：

H3：企业避税与未来经营绩效之间的关系在治理较好的企业和治理较差的企业之间不存在差异。

6.3 研究设计

6.3.1 样本选择和数据来源

本章选取 2007—2014 年所有 A 股非金融类上市企业作为回归样本。由于企业避税指标、应计质量和税前利润波动性等指标的估算需要前两到三期的数据，本章实际数据区间为 2004—2014 年。借鉴 Katz et al.（2015），本章剔除了未满足以下条件的样本：（1）净经营资产大于 0，（2）连续 3 年（t - 2 至 t 期）税前利润、所得税费用和现金支付的所得税大于零。本章依据证监会 2012 年颁布的《上市公司行业分类指导》划分行业，为了提高指标估算的精度，所有行业均保留两位行业代码。剔除关键变量缺失和同一年度 - 行业观测值小于 10 的样本后①，共得到 49

① 借鉴 Badertscher et al.（2016）的处理方法。

个行业，6265个有效观测值。在回归时，对连续变量均进行了1%和99%水平上的缩尾处理。本章所有财务和地区经济数据来自于CSMAR数据库，母公司实际适用所得税税率来自于WIND数据库。各回归模型中的样本量因所涉及的变量不同有所不同，具体信息在各相关表格中列出。

6.3.2 检验模型和变量设定

（1）企业整体避税程度的度量

我们将企业避税行为分为“账税一致避税”和“账税差异避税”，由于这两种避税行为的度量指标无法直接加总，我们利用排序的方式将这两种指标合成一个指标TAX_AVD度量一个企业的整体避税程度。具体而言，我们用企业“账税一致避税”指标CONF从t－2到t期的3年平均值计算其“账税一致避税”程度在t年的行业排名RANKC，用现金有效税率CTR从t－2到t期的3年平均值计算其“账税差异避税”程度在t年的行业排名RANKN，RANKC与RANKN之和在t年所处的行业五分位位置QUINTILE即为一个合成指标，其取值范围为[0.2，1]。由于CONF和CTR数值越大表示避税程度越低，合成指标QUINTILE也是数值越大表示避税程度越低，为了便于解释回归结果，我们设置指标TAX_AVD＝1－QUINTILE，用TAX_AVD度量企业的总体避税程度，其取值范围为[0，0.8]，数值越大表示避税程度越大。

其中，“账税一致避税”指标CONF的计算方法借鉴Badertscher et al.（2016），根据我国情况稍作修改，利用模型$CTP_{it} = \beta_0 + \beta_1 BTD_{it} + \beta_2 NEG_{it} + \beta_3 BTD_{it} \times NEG_{it} + \beta_4 NOL_{it} + \beta_5 EFF_{it} + \varepsilon_{it}$估算出企业当期支付的所得税税金占总资产比例（CTP），该模型的残差即为“账税一致避税”指标（CONF），模型涉及的变量定义详见表6－1。其中，账税差异（BTD）是为了分离出“账税差异避税”的影响，因为“账税一致避税”和“账税差异避税”均会降低支付的所得税税金占总资产的比例。账税差异正负标识（NEG）以及两者的交乘项BTD×NEG是为了对账税差异正负情况进行区分，因为账税差异为正时更可能反映的是避税行为的影响，账税差异为负则不一定是企业避税行为引起的。可抵扣亏损（NOL）和企业经营效率（EFF）分别用来反映企业前期盈利情况和当期经营决策对企业当期支付的所得税税金占总资产比例（CTP）的影响。

(2) 杜邦分析法和检验模型

$$PROCE_{t+n} = \beta_0 + \beta_1 TAX\_AVD_t + \beta_2 SIZE_t + \beta_3 MB_t + \beta_4 QUAL_t + \beta_5 VOLA_t + \varepsilon \quad (6-1)$$

$$PRNOA_{t+n} = \beta_0 + \beta_1 TAX\_AVD_t + \beta_2 SIZE_t + \beta_3 MB_t + \beta_4 QUAL_t + \beta_5 VOLA_t + \varepsilon \quad (6-2)$$

$$PROOA_{t+n} = \beta_0 + \beta_1 TAX\_AVD_t + \beta_2 SIZE_t + \beta_3 MB_t + \beta_4 QUAL_t + \beta_5 VOLA_t + \varepsilon \quad (6-3)$$

为了深入探索企业避税与未来经营绩效的关系，我们借鉴 Nissim and Penman (2003)，将资本回报率分解为盈利能力，资产利用率和杠杆效应三个部分。为了剔除避税行为对净利润的直接影响，我们在计算各财务指标时均使用税前数据。税前资本回报率 (PROCE) 可以分解为税前净经营资产回报率 (PRNOA) 和财务杠杆效应 (FLV_FX)，即 PROCE = PRNOA + FLV_FX；税前净经营资产回报率 (PRNOA) 又可以进一步分解为税前经营资产回报率 (PROOA) 和经营负债效应 (OLV_FX)，即 PRNOA = PROOA + OLV_FX。其中，财务杠杆效应 (FLV_FX) 是企业融资活动提供的杠杆效应，而经营负债效应 (OLV_FX) 是企业经营活动提供的杠杆效应。

除了通过以上方法分解出企业的两种杠杆效应之外，我们还借鉴 Nissim and Penman (2003) 利用标准的杜邦分析法将税前净经营资产回报率 (PRNOA) 分解为税前营业利润率 (PNOPM) 和资产周转率 (NOAT)，即 PRNOA = PNOPM × NOAT。其中，税前营业利润率 (PNOPM) 反映了企业成本与价格的关系，体现了企业的议价能力和盈利能力；资产周转率 (NOAT) 反映了企业的资产利用率，体现了企业利用经营资产创造营业收入的效率。

为了考察企业避税与这些反映企业未来经营绩效的会计指标之间的相关关系，我们借鉴 Katz et al. (2015)，采用模型 (6-1) (6-2) (6-3) 分别考察企业避税与税前资本回报率 (PROCE)、税前净经营资产回报率 (PRNOA)、税前经营资产回报率 (PROOA) 之间的关系。为了考察企业避税对未来经营绩效的动态影响，n 分别取值 1、2、3 以表示企业避税对未来 1 期、2 期和 3 期经营绩效的影响。除了企业总体避税程度 TAX_AVD，我们参考现有文献选取了以下控制变量：企业规模 (SIZE)、市值账面比 (MB)、应计质量 (QUAL) 和税前利润波动性 (VOLA)。企业规模 SIZE 是企业总资产的自然对数 (Zimmerman, 1983)，市值账面比 MB 是市值与总资产之比 (Lev and Nissim, 2004)，应计质量 QUAL 是根据 Francis et al.（2005）模型计算的应计残差项 t－2 至 t 期的标准差，税前利润波动性（VOLA）是 t－3 至 t－1 期的税前利润标准差（Dichev and Tang，2009）。同时我们控制了年度和行业固定效应以排除年度和行业差异对企业经营绩效的影响。在利用杜邦分析法考察企业避税对未来经营绩效各组成部分的影响时，我们将模型（6－1）－（6－3）的因变量分别替换为财务杠杆效应（FLV_FX）、经营负债效应（OLV_FX）、税前营业利润率（PNOPM）和资产周转率（NOAT）。表 6－1 总结了本章涉及的所有变量及定义：

表 6－1　　　　变量定义及说明

变量名称	变量标识	变量定义
支付的所得税税金占总资产比例	CTP	企业当年用于支付所得税的现金／上期期末资产总额
账税一致避税指标	CONF	按照 Badertscher et al.（2016）的模型计算出的残差
账税一致避税指标 3 年均值	CONF3	CONF 的 3 年平均值（t－2 至 t 期）
账税差异	BTD	（会计收益－当期所得税费用/实际适用所得税税率）/上期期末资产总额
账税差异正负标识	NEG	账税差异小于零时取值为 1，否则为 0
可抵扣亏损	NOL	上期税前利润小于零时取值为 1，否则为 0
经营效率	EFF	当期营业收入/净经营资产，其中净经营资产＝股东权益＋短期负债＋长期负债－现金－短期投资
现金有效税率	CTR3	企业缴纳的现金所得税/税前利润（t－2 至 t 期的 3 年平均值），并缩尾至区间［0，1］
账税一致避税指标排名	RANKC	CONF3 在 t 年的行业排名（数值越大表示避税程度越低）
现金有效税率排名	RANKN	CTR3 在 t 年的行业排名（数值越大表示避税程度越低）
企业避税总体指标分位数	QUINTILE	RANKC 与 RANKN 之和在 t 年所处的行业五分位位置，取值范围为［0.2，1］（数值越大表示避税程度越低）
企业整体避税程度	TAX_AVD	1－QUINTILE（数值越大表示避税程度越大）
企业并购	ACQ	企业当年发生并购，且支出的总价值超过企业原有总资产的 5% 为 1，否则为 0
税前资本回报率	PROCE	（税前利润＋利息支出）/普通股权益均值
税前净经营资产回报率	PRNOA	（税前利润＋利息支出）/净经营资产均值
税前经营资产回报率	PROOA	（税前利润＋利息支出＋经营负债的隐含利息）/经营资产均值，其中经营负债的隐含利息＝无风险利率×经营负债均值

续表

变量名称	变量标识	变量定义
财务杠杆效应	FLV_FX	PROCE - PRNOA
经营负债效应	OLV_FX	PRNOA - PROOA
税前营业利润率	PNOPM	(税前利润 + 利息支出)/营业收入
资产周转率	NOAT	营业收入/净经营资产均值
企业规模	SIZE	企业总资产的自然对数
市值账面比	MB	市值/资产总计
应计质量	QUAL	根据 Francis et al. (2005) 模型计算的应计残差项 t-2 至 t 期的标准差
税前利润波动性	VOLA	t-3 至 t-1 期的税前利润标准差

我们还进行了两个分样本回归：第一，国有企业在中国经济中具有重要地位，在上市企业中也占有较大的比重，大量文献发现它们与非国有企业在避税和经营绩效方面有不同的表现。为了结合中国的制度背景特点进一步探索不同产权性质下企业避税与未来经营绩效的关系是否存在差异，我们按照产权性质将样本划分为非国有企业与国有企业，利用上述检验模型进行了分组回归；第二，大量研究发现（Desai and Dharmapala，2009；Wilson，2009；Kim et al.，2011），企业治理情况会影响企业避税和企业价值之间的关系，因此我们借鉴 Katz et al.（2015）和 Desai and Dharmapala（2009）采用机构投资者持股比例作为公司治理的代理变量，按照中位数进行分组，分别考察了不同企业治理情况下企业避税与未来经营绩效的关系。

6.4 实证结果与研究分析

6.4.1 描述性统计与差异性检验

表 6-2 是主要变量的描述性统计结果。TAX_AVD 的均值（中位数）是 0.382（0.400），与我们的变量设计相符；反映企业经营绩效的三个指标中，

$PROCE_{t+1}$的均值（中位数）是0.137（0.124），$PRNOA_{t+1}$的均值（中位数）是0.181（0.132），$PROOA_{t+1}$的均值（中位数）是0.115（0.093），反映企业杠杆效应的两个指标中，FLV_FX_{t+1}的均值和中位数是－0.046（－0.057），OLV_FX_{t+1}的均值和中位数是0.066（0.029）。$PROCE_{t+1}$的均值和中位数小于$PRNOA_{t+1}$，FLV_FX_{t+1}的均值和中位数均为负数，两者相一致，反映企业财务融资反而降低了企业的回报率，说明样本企业通过财务融资获取的资金并未投入给企业带来较高利润的领域，资金利用效率低。$PRNOA_{t+1}$的均值和中位数均大于$PROOA_{t+1}$，OLV_FX_{t+1}的均值和中位数均为正数，两者相一致，说明企业经营负债能够放大企业的回报率。t＋2 和 t＋3 期的指标也体现出相同的规律。控制变量的各描述性统计均在正常范围之内。

表 6－2　　主要变量的描述性统计

变量	样本量	均值	标准差	25%	中位数	75%
TAX_AVD	6265	0.382	0.265	0.200	0.400	0.600
$PROCE_{t+1}$	6265	0.137	0.111	0.074	0.124	0.187
$PROCE_{t+2}$	6265	0.131	0.120	0.068	0.119	0.186
$PROCE_{t+3}$	6265	0.130	0.124	0.066	0.120	0.187
$PRNOA_{t+1}$	6265	0.181	0.214	0.075	0.132	0.223
$PRNOA_{t+2}$	6265	0.161	0.210	0.066	0.121	0.205
$PRNOA_{t+3}$	6265	0.151	0.208	0.062	0.115	0.195
$PROOA_{t+1}$	6265	0.115	0.098	0.058	0.093	0.147
$PROOA_{t+2}$	6265	0.105	0.093	0.053	0.087	0.135
$PROOA_{t+3}$	6265	0.099	0.090	0.050	0.082	0.129
FLV_FX_{t+1}	6265	－0.046	0.182	－0.057	－0.007	0.020
FLV_FX_{t+2}	6265	－0.034	0.180	－0.044	－0.004	0.022
FLV_FX_{t+3}	6265	－0.024	0.177	－0.037	－0.002	0.024
OLV_FX_{t+1}	6265	0.066	0.149	0.011	0.029	0.067
OLV_FX_{t+2}	6265	0.056	0.151	0.009	0.026	0.061
OLV_FX_{t+3}	6265	0.052	0.150	0.008	0.025	0.059
$PNOPM_{t+1}$	6265	0.138	0.142	0.059	0.111	0.193

续表

变量	样本量	均值	标准差	25%	中位数	75%
$PNOPM_{t+2}$	6265	0. 129	0. 154	0. 054	0. 105	0. 185
$PNOPM_{t+3}$	6265	0. 124	0. 161	0. 052	0. 100	0. 178
$NOAT_{t+1}$	6265	1. 791	2. 161	0. 733	1. 160	1. 901
$NOAT_{t+2}$	6265	1. 706	2. 124	0. 697	1. 104	1. 798
$NOAT_{t+3}$	6265	1. 675	2. 136	0. 681	1. 083	1. 766
SIZE	6265	21. 794	1. 231	20. 895	21. 620	22. 481
MB	6265	3. 510	2. 449	1. 908	2. 830	4. 352
QUAL	6265	0. 083	0. 057	0. 041	0. 071	0. 111
VOLA	6265	0. 021	0. 032	0. 007	0. 013	0. 024

表 6 – 3 是按避税程度从高向低排列的前 20% 和后 80% 企业之间的描述性统计和均值差异检验。我们将避税程度较高的 20% 定义为避税企业（共 1447 个样本），其余的 80% 的企业定义为非避税企业（共 4818 个样本）。避税组的 TAX_AVD 显著大于非避税组（t = 84. 16），说明我们的分组有效。表 6 – 3 的组间差异检验结果显示，避税企业的税前资本回报率（PROCE）、税前净经营资产回报率（PRNOA）和税前经营资产回报率（PROOA）均显著高于非避税企业，但这种效应的从 t + 1 期到 t + 3 期逐渐减弱。避税企业的财务杠杆效应（FLV_FX）显著低于非避税企业（t + 1 期均值分别为 – 0. 034 和 – 0. 020，t = – 2. 90；t + 2 期均值分别为 – 0. 025 和 – 0. 016，t = – 1. 51），但这种差异的显著性在 t + 3 期完全消失。避税企业的经营负债效应与非避税企业无显著差别（t + 1 期到 t + 3 期的 t 值分别为 0. 94，0. 03，– 0. 42）。避税企业的税前营业利润率 PNOPM 显著高于非避税企业（t + 1 期均值分别为 – 0. 162 和 0. 123，t = 8. 90；t + 2 期均值分别为 0. 155 和 0. 119，t = 6. 80；t + 3 期均值分别为 0. 156 和 0. 117，t = 6. 13）。避税企业的资产周转率 NOAT 显著低于非避税企业（t + 1 期均值分别为 1. 738 和 1. 867，t = – 1. 89；t + 2 期均值分别为 1. 704 和 1. 824，t = – 1. 58；t + 3 期均值分别为 1. 694 和 1. 856，t = – 1. 85）。控制变量方面，避税企业和非避税企业的企业规模（SIZE）和应计质量（QUAL）无显著差异，但避税企业的市值账面比（MB）和税前利润波动性（VOLA）显著高于非避税企业（t 值分别为 2. 91 和 5. 07），说明市场对避税企业给予了更高的估值，且避税企业的盈余波动性高于非避税企业。

表 6－3　　按避税程度从高向低排列的前 20%和后 80%企业之间的描述性统计和均值差异检验

变量	（1）避税程度较高的 20%（n＝1447）					（2）避税程度较低的 80%（n＝4818）						
	均值	标准差	25%	中位数	75%	均值	标准差	25%	中位数	75%	差值（1）－（2）	t 值
TAX_AVD	0.800	0.000	0.800	0.800	0.800	0.313	0.220	0.200	0.400	0.600	0.487	84.16***
$PROCE_{t+1}$	0.155	0.117	0.084	0.138	0.209	0.142	0.119	0.074	0.130	0.199	0.013	3.48***
$PROCE_{t+2}$	0.148	0.127	0.077	0.133	0.208	0.140	0.126	0.073	0.130	0.201	0.008	1.82**
$PROCE_{t+3}$	0.148	0.134	0.080	0.142	0.212	0.143	0.129	0.075	0.131	0.205	0.005	1.12
$PRNOA_{t+1}$	0.187	0.216	0.078	0.135	0.227	0.160	0.199	0.067	0.118	0.199	0.027	4.47***
$PRNOA_{t+2}$	0.169	0.220	0.070	0.129	0.214	0.152	0.210	0.064	0.115	0.197	0.017	2.36***
$PRNOA_{t+3}$	0.163	0.225	0.067	0.125	0.208	0.152	0.213	0.064	0.112	0.197	0.011	1.31*
$PROOA_{t+1}$	0.121	0.100	0.062	0.098	0.152	0.098	0.083	0.052	0.081	0.125	0.023	8.96***
$PROOA_{t+2}$	0.112	0.100	0.055	0.093	0.146	0.095	0.083	0.050	0.079	0.123	0.017	6.01***
$PROOA_{t+3}$	0.109	0.100	0.054	0.089	0.142	0.094	0.084	0.050	0.078	0.122	0.015	4.30***
FLV_FX_{t+1}	－0.034	0.177	－0.044	－0.003	0.024	－0.020	0.165	－0.030	0.001	0.031	－0.014	－2.90***
FLV_FX_{t+2}	－0.025	0.182	－0.036	－0.001	0.027	－0.016	0.181	－0.028	0.002	0.033	－0.009	－1.51*
FLV_FX_{t+3}	－0.019	0.202	－0.030	－0.000	0.031	－0.011	0.186	－0.028	0.002	0.036	－0.008	－1.05
OLV_FX_{t+1}	0.066	0.150	0.011	0.028	0.062	0.062	0.146	0.011	0.029	0.066	0.004	0.94
OLV_FX_{t+2}	0.057	0.159	0.008	0.026	0.063	0.057	0.160	0.010	0.028	0.066	0	0.03

续表

变量	(1) 避税程度较高的 20% (n=1447)					(2) 避税程度较低的 80% (n=4818)						
	均值	标准差	25%	中位数	75%	均值	标准差	25%	中位数	75%	差值 (1)-(2)	t 值
OLV_FX_{t+3}	0.054	0.167	0.008	0.027	0.061	0.057	0.163	0.010	0.028	0.067	-0.003	-0.42
$PNOPM_{t+1}$	0.162	0.176	0.064	0.124	0.212	0.123	0.135	0.052	0.096	0.168	0.039	8.90***
$PNOPM_{t+2}$	0.155	0.196	0.056	0.112	0.212	0.119	0.147	0.050	0.093	0.163	0.036	6.80***
$PNOPM_{t+3}$	0.156	0.212	0.053	0.107	0.208	0.117	0.151	0.050	0.092	0.161	0.039	6.13***
$NOAT_{t+1}$	1.738	2.198	0.677	1.061	1.852	1.867	2.304	0.723	1.165	1.954	-0.129	-1.89**
$NOAT_{t+2}$	1.704	2.219	0.636	1.032	1.856	1.824	2.278	0.717	1.159	1.957	-0.12	-1.58*
$NOAT_{t+3}$	1.694	2.159	0.626	1.027	1.942	1.856	2.352	0.726	1.185	2.006	-0.162	-1.85**
SIZE	22.083	1.217	21.209	21.911	22.822	22.065	1.173	21.213	21.901	22.754	0.018	0.49
MB	3.600	2.609	1.885	2.855	4.433	3.384	2.406	1.819	2.706	4.202	0.216	2.91***
QUAL	0.081	0.054	0.041	0.071	0.108	0.083	0.055	0.043	0.072	0.112	-0.002	-1.24
VOLA	0.024	0.037	0.009	0.016	0.028	0.019	0.025	0.007	0.013	0.023	0.005	5.07***

6.4.2　多元回归分析

（1）企业避税和会计回报率的关系

我们首先研究企业避税与各种会计回报率之间的相关关系，我们选取税前资本回报率（PROCE）、税前净经营资产回报率（PRNOA）和税前经营资产回报率（PROOA）作为会计回报率的代表。为了研究企业避税和各个会计回报率的动态关系，每个回报率指标均选取滞后一期、两期和三期的数据。回归结果如表 6－4 所示，总体而言，在控制了企业特征和行业年度因素之后，企业避税与未来的会计回报率呈现出正相关关系，而且这种关系主要体现在滞后一期的会计指标上（PROCE、PRNOA），仅在个别指标（PROOA）上体现出了较长的持续性，并呈现出逐步减弱的趋势。表 6－4 中，第（1）（2）（3）列的因变量是税前资本回报率（PROCE），企业避税与滞后一期的 PROCE 在 5% 的显著水平上呈现出正相关关系，避税程度最大组和最小组之差与相关系数的乘积达到 $PROCE_{t+1}$ 均值的 5.8%，说明这种相关关系也具有经济意义上的显著性，但这种关系未能延续到之后的时间区间。表 6－4 第（4）（5）（6）列是企业避税和税前净经营资产回报率（PRNOA）的相关关系，与第（1）（2）（3）列的变化趋势一致，企业避税仅与滞后一期的 PRNOA 在 5% 的显著水平上呈现出正相关关系，避税程度最大值和最小值之差与相关系数的乘积达到 $PRNOA_{t+1}$ 均值的 10.4%，也具有经济意义上的显著性。表 6－4 第（7）（8）（9）列是企业避税和税前经营资产回报率（PROOA）的相关关系，两者在滞后一、二、三期均在 1% 的水平上显著正相关，避税程度最大组和最小组之差与相关系数的乘积在这三期分别达到 PROOA 均值的 30.0%、18.3% 和 17.8%，经济意义比 PROCE、PROOA 更加重要。根据 Nissim and Penman（2003）提出的改进的杜邦分析法，PROCE = PRNOA + FLV_FX，且 PRNOA = PROOA + OLV_FX。即在 PROOA 的基础上依次叠加经营负债效应（OLV_FX）和财务杠杆效应（FLV_FX）后依次得到 PRNOA 和 PROCE，企业避税与 PROOA 的正相关关系在这一传导过程中表现出逐渐减弱的规律应该是经营负债效应和财务杠杆效应造成的，我们将在后文研究企业避税和杠杆效应的关系中进一步分析这一问题。企业避税与未来的各种会计回报率呈现出的正相关关系，可能原因是企业避税节约的资金投入了盈利能力强的领域，也可能是企业在预期未来盈利状况好的情况下进行了税务筹划以达到节税的目的。

表 6 - 4　企业总体避税程度和会计回报率的关系

变量	$PROCE_{t+1}$	$PROCE_{t+2}$	$PROCE_{t+3}$	$PRNOA_{t+1}$	$PRNOA_{t+2}$	$PRNOA_{t+3}$	$PROOA_{t+1}$	$PROOA_{t+2}$	$PROOA_{t+3}$
	(1)	(2)	(3)	(4)	(5)	(6)	(7)	(8)	(9)
TAXAVD	0.010** (2.010)	-0.001 (-0.089)	0.000 (0.032)	0.024*** (2.764)	0.012 (1.175)	0.012 (1.009)	0.033*** (9.273)	0.024*** (5.992)	0.022*** (4.684)
SIZE	0.035*** (25.77)	0.031*** (18.30)	0.028*** (14.03)	0.036*** (14.83)	0.027*** (9.164)	0.021*** (6.128)	0.011*** (10.74)	0.009*** (7.829)	0.008*** (5.788)
MB	0.019*** (27.44)	0.015*** (17.15)	0.014*** (14.71)	0.026*** (21.50)	0.022*** (14.57)	0.018*** (10.62)	0.014*** (26.88)	0.012*** (20.62)	0.011*** (17.42)
QUAL	0.014 (0.555)	-0.004 (-0.142)	-0.002 (-0.0510)	-0.149*** (-3.251)	-0.080 (-1.463)	-0.109* (-1.738)	-0.054*** (-2.847)	-0.037* (-1.761)	-0.029 (-1.203)
VOLA	0.278*** (5.196)	0.198*** (3.170)	0.064 (0.903)	0.947*** (9.928)	0.730*** (6.697)	0.464*** (3.761)	0.502*** (12.80)	0.371*** (8.791)	0.229*** (4.869)
CONS.	-0.779*** (-18.86)	-0.653*** (-13.44)	-0.600*** (-10.76)	-0.873*** (-11.87)	-0.634*** (-7.514)	-0.472*** (-4.914)	-0.272*** (-8.990)	-0.215*** (-6.591)	-0.177*** (-4.833)
IND&YEAR	Yes	Yes	Yes	Yes	Yes	Yes	Yes	Yes	Yes
N	5970	4736	3669	5964	4724	3659	5964	4724	3659
Adj. R^2	0.250	0.193	0.174	0.191	0.150	0.125	0.269	0.249	0.234

注：表中数据为各自变量的回归系数，括号内为 T 值；***，**，*分别表示在 1%，5%，10% 统计意义上显著。

（2）企业避税和税前营业利润率、资产周转率的关系

为了进一步探讨避税企业为何具有较高的会计回报率，我们采用标准杜邦分析法将税前净经营资产回报率（PRNOA）分解为税前营业利润率（PNOPM）和资产周转率（NOAT），即 PRNOA = PNOPM × NOAT。税前营业利润率反映了企业的盈利能力和议价能力，资产周转率反映了企业的资产利用率。表 6 - 5 中，第（1）（2）（3）列是企业避税与税前营业利润率（PNOPM）的相关关系，结果显示两者在滞后一、二、三期均在 1% 的程度上显著正相关，与避税程度最小的组相比，避税程度最大的组在这三期分别对税前营业利润率的平均影响达到其均值的 33.0%、31.6% 和 31.6%，具有经济上的显著性。说明避税程度高的企业在后期具有较高的盈利能力，并且这种关系在一个较长的时间内（滞后一到三期）比较稳定。表 6 - 5 第（4）（5）（6）列是企业避税与资产周转率（NOAT）的相关关系，结果显示两者在滞后一、二、三期分别在 1%、5%、10% 的程度上显著负相关，与避税程度最小的组相比，避税程度最大的组在这三期分别对资产周转率的平均影响达到其均值的 16.6%、16.6% 和 13.1%，经济意义仍然显著，但是不及企业避税和 PNOPM 的关系。说明避税程度高的企业在未来的资产利用率较低，这种关系随着时间推移逐渐减弱。避税企业资产利用率比非避税企业更低的原因可能在于无形资产的夸大上，一般而言，企业能够通过专利使用费或特许经营权等方式在将利润转移至税率更低的关联企业（比如位于"避税天堂"的子公司）以实现避税目的，大量无形资产的存在为这些以避税为目的的交易提供了方便（Bennedsen and Zeume，2017）。综上所述，避税程度高的企业在后期具有较高的盈利能力，但资产利用率较低。

表 6 - 5　企业总体避税程度和税前营业利润率、资产周转率的关系——标准杜邦分析法

变量	$PNOPM_{t+1}$	$PNOPM_{t+2}$	$PNOPM_{t+3}$	$NOAT_{t+1}$	$NOAT_{t+2}$	$NOAT_{t+3}$
	(1)	(2)	(3)	(4)	(5)	(6)
TAX_AVD	0.057*** (6.087)	0.051*** (4.434)	0.049*** (3.615)	-0.372*** (-2.751)	-0.354** (-2.400)	-0.275* (-1.652)
SIZE	0.014*** (4.760)	0.012*** (3.885)	0.012*** (3.172)	0.356*** (6.129)	0.267*** (4.586)	0.204*** (3.172)
MB	0.012*** (6.880)	0.011*** (5.115)	0.009*** (4.846)	0.102*** (4.391)	0.066*** (2.791)	0.032 (1.313)

续表

变量	$PNOPM_{t+1}$	$PNOPM_{t+2}$	$PNOPM_{t+3}$	$NOAT_{t+1}$	$NOAT_{t+2}$	$NOAT_{t+3}$
	(1)	(2)	(3)	(4)	(5)	(6)
QUAL	0.020 (0.409)	0.009 (0.154)	0.013 (0.221)	-2.928*** (-4.088)	-2.398*** (-3.177)	-2.359*** (-3.262)
VOLA	0.562*** (2.960)	0.407** (2.288)	0.264 (1.615)	3.857** (2.321)	2.918 (1.518)	1.481 (1.095)
CONS.	-0.335*** (-4.526)	-0.282*** (-3.314)	-0.267*** (-2.834)	-6.784*** (-5.116)	-4.753*** (-3.625)	-3.017** (-2.135)
IND&YEAR	Yes	Yes	Yes	Yes	Yes	Yes
N	5970	4736	3669	5964	4724	3659
Adj. R^2	0.259	0.229	0.227	0.241	0.210	0.181

注：表中数据为各自变量的回归系数，括号内为T值；***，**，*分别表示在1%，5%，10%统计意义上显著。

（3）企业避税和杠杆效应的关系

为了研究企业避税与经营负债效应（OLV_FX）和财务杠杆效应（FLV_FX）的关系，我们借鉴 Nissim and Penman（2003）对税前资本回报率（PROCE）和税前净经营资产回报率（PRNOA）进行了分解，回归结果如表6-6所示。表6-6第（1）（2）（3）列是企业避税与财务杠杆效应（FLV_FX）的关系，两者仅在滞后一期（t+1期）负相关，显著程度达到5%，避税程度最大组和最小组之差与相关系数的乘积达到FLV_FX均值的29.6%。表6-6第（4）(5)(6）列是企业避税与经营负债效应（OLV_FX）的关系，两者在未来期间（t+1至t+3期）均体现出显著的相关性。可见，避税程度高的企业在未来短期内会体现出负的财务杠杆效应，可能是避税企业通过财务融资获取的资金带来的收益不及资金成本，反而降低了企业的经营绩效；而企业避税对经营负债效应（OLV_FX）无显著影响。

表6-6　企业避税和杠杆效应的关系——改进的杜邦分析法

变量	FLV_FX_{t+1}	FLV_FX_{t+2}	FLV_FX_{t+3}	OLV_FX_{t+1}	OLV_FX_{t+2}	OLV_FX_{t+3}
	(1)	(2)	(3)	(4)	(5)	(6)
TAX_AVD	-0.017** (-2.184)	-0.009 (-0.900)	-0.014 (-1.200)	-0.008 (-1.170)	-0.013 (-1.439)	-0.013 (-1.259)
SIZE	-0.003 (-1.610)	0.002 (0.661)	0.005 (1.625)	0.025*** (13.93)	0.017*** (7.609)	0.013*** (4.885)

续表

变量	FLV_FX_{t+1}	FLV_FX_{t+2}	FLV_FX_{t+3}	OLV_FX_{t+1}	OLV_FX_{t+2}	OLV_FX_{t+3}
	(1)	(2)	(3)	(4)	(5)	(6)
MB	-0.010*** (-9.200)	-0.008*** (-6.218)	-0.003** (-2.156)	0.013*** (14.08)	0.009*** (7.749)	0.007*** (4.965)
QUAL	0.158*** (3.975)	0.084* (1.728)	0.116** (2.044)	-0.090*** (-2.631)	-0.033 (-0.781)	-0.082* (-1.660)
VOLA	-0.730*** (-8.835)	-0.530*** (-5.463)	-0.375*** (-3.350)	0.449*** (6.297)	0.275*** (3.219)	0.243** (2.497)
CONS.	0.168*** (2.637)	0.036 (0.484)	-0.088 (-1.011)	-0.604*** (-10.98)	-0.406*** (-6.132)	-0.289*** (-3.800)
IND&YEAR	Yes	Yes	Yes	Yes	Yes	Yes
N	5964	4724	3659	5964	4724	3659
Adj. R^2	0.114	0.088	0.072	0.128	0.082	0.065

注：表中数据为各自变量的回归系数，括号内为 T 值；***，**，*分别表示在 1%，5%，10% 统计意义上显著。

（4）分样本检验——企业所有权性质的影响

我国是一个典型的转型经济体，大量国有企业的存在是我国制度背景的重要特点之一。由于企业所有权性质对上市企业经营绩效的影响存在明显不同，而且会对其余因素（比如超额薪酬）与经营绩效之间的关系产生影响，我们按照产权性质不同，将样本划分为非国有企业与国有企业，重新进行了分组回归，以便探索不同产权性质下企业避税与未来经营绩效的关系是否存在差异，结果如表 6-7 的 Panel A 所示，企业避税在不同产权性质分组中与未来三期的 PROOA 均呈现出显著的正相关关系，除了 t+3 期国有企业组的显著性仅有 10% 外，其余相关关系的显著性均达到了 1%，但这种相关关系在两组之间不存在显著差异（尽管 t+3 期两组之间的差异 CHI^2 达到 5.09，但由于两组之间在 t+1 期和 t+2 期均无明显差异，t+3 期的差异可能是由于数据和模型不完善造成的）。Panel B 显示了企业避税与经营负债效应（OLV_FX）的关系，两者在两个分组中均无显著的相关性，与表 6-6 的结果类似，且两者之间无显著差异。Panel C 显示了企业避税和税前净经营资产回报率（PRNOA）的相关关系，企业避税仅与 t+1 期的 PRNOA 存在正相关关系，相关性在非国有企业组和国有企业组分别达到了 5% 和 10% 的相关性，且在两组之间无显著差异（CHI^2 = 0.17）。经营负债效应的影响是企业避税与 PROOA 的相关性未能传导至 PRNOA 的原因。Panel D 是企业避税与财务杠杆效应（FLV_FX）的关系。企业避税除了与非国有企业组滞后一期（t+1 期）的财务杠杆效应在 5% 的程度上负相关外，其余分组和期间均无显著相关性，且相关系数在两个分组之间无显著差异。Panel E 是企业避税与税前资本回报率（PROCE）的关系，两者在 t+1 至 t+3 期的两个分组内均无显著相关性，且系数在分组间无显著差异。Panel F 是企业避税与税前营业利润率（PNOPM）的关系，两者在不同分组内从 t+1 到 t+3 期均至少在 10% 的程度上显著正相关，与表 6-5 中的总体回归结果相一致，在国有企业和非国有企业分组之间仅在 t+1 期存在显著差异（CHI^2 = 4.53，国有企业组系数更大）。Panel F 是企业避税和资产周转率（NOAT）的关系，两者在国有企业组从 t+1 到 t+3 期至少在 5% 的程度上显著负相关，在非国有企业组无显著相关性，两组系数在未来三期均存在显著差异。综合表 6-7 的结果，企业避税与未来经营绩效在国有企业组和非国有企业组组内的关系基本与总样本一致；组间差异检验显示，与非国有企业相比，企业避税对国有企业税前营业利润率（PNOPM）在较短的期限内（t+1 期）具有更强的提高效应，对国有企业的资产利用率（NOAT）在较长的期限内（t+1 至 t+3 期）具有较强的降低效应，企业避税和其余未来经营绩效指标之间的关系则不受企业产权性质的影响。

表 6-7　　分样本检验——企业所有权性质的影响

Panel A

变量	$PROOA_{t+1}$	$PROOA_{t+1}$	$PROOA_{t+2}$	$PROOA_{t+2}$	$PROOA_{t+3}$	$PROOA_{t+3}$
	非国有	国有	非国有	国有	非国有	国有
	(1)	(2)	(3)	(4)	(5)	(6)
TAX_AVD	0.041*** (6.944)	0.029*** (5.895)	0.030*** (4.154)	0.017*** (3.218)	0.033*** (3.798)	0.010* (1.652)
CHI^2（非国有-国有=0）		2.23		2.01		5.09**
SIZE	0.012*** (6.916)	0.012*** (9.944)	0.010*** (4.454)	0.011*** (8.333)	0.007*** (2.647)	0.010*** (6.514)
MB	0.014*** (18.06)	0.013*** (19.11)	0.011*** (11.74)	0.012*** (16.71)	0.011*** (10.55)	0.011*** (13.16)
QUAL	-0.077*** (-2.586)	-0.065*** (-2.705)	-0.060* (-1.686)	-0.057** (-2.231)	-0.016 (-0.371)	-0.065** (-2.315)

续表

变量	$PROOA_{t+1}$	$PROOA_{t+1}$	$PROOA_{t+2}$	$PROOA_{t+2}$	$PROOA_{t+3}$	$PROOA_{t+3}$
	非国有	国有	非国有	国有	非国有	国有
	(1)	(2)	(3)	(4)	(5)	(6)
VOLA	0. 330*** (6. 317)	0. 662*** (10. 46)	0. 260*** (4. 567)	0. 478*** (6. 916)	0. 091 (1. 422)	0. 425*** (5. 581)
CONS.	-0. 261*** (-5. 056)	-0. 326*** (-8. 759)	-0. 154*** (-2. 622)	-0. 302*** (-7. 738)	-0. 126* (-1. 787)	-0. 239*** (-5. 622)
IND&YEAR	Yes	Yes	Yes	Yes	Yes	Yes
N	2742	3222	1995	2729	1391	2268
Adj. R^2	0. 283	0. 299	0. 265	0. 284	0. 260	0. 255

Panel B

变量	OLV_FX_{t+1}	OLV_FX_{t+1}	OLV_FX_{t+2}	OLV_FX_{t+2}	OLV_FX_{t+3}	OLV_FX_{t+3}
	非国有	国有	非国有	国有	非国有	国有
	(1)	(2)	(3)	(4)	(5)	(6)
TAX_AVD	-0. 011 (-1. 128)	-0. 006 (-0. 633)	-0. 016 (-1. 208)	-0. 013 (-1. 084)	-0. 013 (-0. 774)	-0. 012 (-0. 949)
CHI^2（非国有-国有=0）		0. 10		0. 03		0. 00
SIZE	0. 027*** (9. 355)	0. 023*** (9. 322)	0. 021*** (5. 399)	0. 016*** (5. 266)	0. 018*** (3. 460)	0. 014*** (4. 083)
MB	0. 010*** (8. 542)	0. 015*** (10. 80)	0. 005*** (2. 738)	0. 013*** (7. 787)	0. 003 (1. 523)	0. 008*** (4. 655)
QUAL	-0. 141*** (-2. 965)	-0. 039 (-0. 795)	-0. 069 (-1. 066)	-0. 034 (-0. 602)	-0. 163* (-1. 940)	-0. 070 (-1. 144)
VOLA	0. 517*** (6. 191)	0. 340*** (2. 651)	0. 322*** (3. 100)	0. 350** (2. 304)	0. 171 (1. 381)	0. 447*** (2. 678)
CONS.	-0. 561*** (-6. 792)	-0. 607*** (-8. 019)	-0. 375*** (-3. 513)	-0. 420*** (-4. 896)	-0. 291** (-2. 130)	-0. 332*** (-3. 566)
IND&YEAR	Yes	Yes	Yes	Yes	Yes	Yes
N	2742	3222	1995	2729	1391	2268
Adj. R^2	0. 150	0. 155	0. 124	0. 124	0. 118	0. 085

Panel C

变量	$PRNOA_{t+1}$	$PRNOA_{t+1}$	$PRNOA_{t+2}$	$PRNOA_{t+2}$	$PRNOA_{t+3}$	$PRNOA_{t+3}$
	非国有	国有	非国有	国有	非国有	国有
	(1)	(2)	(3)	(4)	(5)	(6)
TAX_AVD	0.030** (2.310)	0.022* (1.741)	0.014 (0.794)	0.002 (0.123)	0.019 (0.871)	-0.003 (-0.205)
CHI^2（非国有-国有=0）		0.17		0.27		0.75
SIZE	0.039*** (9.724)	0.036*** (11.02)	0.032*** (6.138)	0.027*** (7.390)	0.025*** (3.698)	0.024*** (5.794)
MB	0.024*** (14.07)	0.028*** (15.46)	0.017*** (7.684)	0.025*** (12.29)	0.015*** (5.460)	0.019*** (8.617)
QUAL	-0.229*** (-3.448)	-0.106* (-1.669)	-0.153* (-1.802)	-0.095 (-1.354)	-0.184* (-1.698)	-0.132* (-1.733)
VOLA	0.818*** (6.995)	0.991*** (5.938)	0.661*** (4.865)	0.837*** (4.395)	0.256 (1.598)	0.852*** (4.100)
CONS.	-0.813*** (-7.031)	-0.937*** (-9.532)	-0.551*** (-3.942)	-0.734*** (-6.814)	-0.410** (-2.326)	-0.584*** (-5.027)
IND&YEAR	Yes	Yes	Yes	Yes	Yes	Yes
N	2742	3222	1995	2729	1391	2268
Adj. R^2	0.209	0.216	0.179	0.190	0.162	0.151

Panel D

变量	FLV_FX_{t+1}	FLV_FX_{t+1}	FLV_FX_{t+2}	FLV_FX_{t+2}	FLV_FX_{t+3}	FLV_FX_{t+3}
	非国有	国有	非国有	国有	非国有	国有
	(1)	(2)	(3)	(4)	(5)	(6)
TAX_AVD	-0.025** (-2.277)	-0.012 (-1.029)	-0.013 (-0.893)	-0.008 (-0.622)	-0.016 (-0.796)	-0.016 (-1.110)
CHI^2（非国有-国有=0）		0.68		0.06		0.00
SIZE	0.002 (0.558)	-0.004 (-1.447)	0.006 (1.432)	0.002 (0.486)	0.007 (1.136)	0.004 (1.067)
MB	-0.009*** (-6.132)	-0.010*** (-6.119)	-0.006*** (-3.124)	-0.010*** (-5.194)	-0.003 (-1.199)	-0.003 (-1.268)

续表

变量	FLV_FX_{t+1}	FLV_FX_{t+1}	FLV_FX_{t+2}	FLV_FX_{t+2}	FLV_FX_{t+3}	FLV_FX_{t+3}
	非国有	国有	非国有	国有	非国有	国有
	(1)	(2)	(3)	(4)	(5)	(6)
QUAL	0.248*** (4.453)	0.079 (1.398)	0.142* (1.934)	0.067 (1.045)	0.217** (2.213)	0.102 (1.467)
VOLA	-0.724*** (-7.385)	-0.706*** (-4.778)	-0.529*** (-4.532)	-0.643*** (-3.712)	-0.207 (-1.424)	-0.688*** (-3.639)
CONS.	0.053 (0.547)	0.181** (2.075)	-0.078 (-0.651)	0.036 (0.370)	-0.148 (-0.926)	-0.066 (-0.625)
IND&YEAR	Yes	Yes	Yes	Yes	Yes	Yes
N	2742	3222	1995	2729	1391	2268
Adj. R^2	0.148	0.131	0.137	0.119	0.117	0.094

Panel E

变量	$PROCE_{t+1}$	$PROCE_{t+1}$	$PROCE_{t+2}$	$PROCE_{t+2}$	$PROCE_{t+3}$	$PROCE_{t+3}$
	非国有	国有	非国有	国有	非国有	国有
	(1)	(2)	(3)	(4)	(5)	(6)
TAX_AVD	0.005 (0.685)	0.010 (1.370)	-0.003 (-0.331)	-0.006 (-0.754)	0.006 (0.503)	-0.014 (-1.424)
CHI^2（非国有-国有=0）		0.23		0.07		1.81
SIZE	0.043*** (19.62)	0.035*** (18.55)	0.039*** (13.42)	0.031*** (14.52)	0.035*** (9.146)	0.029*** (11.88)
MB	0.017*** (18.30)	0.021*** (20.28)	0.012*** (9.708)	0.017*** (13.94)	0.012*** (7.895)	0.016*** (12.12)
QUAL	0.004 (0.110)	-0.007 (-0.190)	-0.044 (-0.917)	-0.022 (-0.540)	0.027 (0.445)	-0.045 (-0.998)
VOLA	0.173*** (2.721)	0.305*** (3.198)	0.159** (2.088)	0.160 (1.443)	0.051 (0.566)	0.110 (0.897)
CONS.	-0.825*** (-13.05)	-0.835*** (-14.87)	-0.659*** (-8.323)	-0.756*** (-12.06)	-0.626*** (-6.244)	-0.673*** (-9.806)
IND&YEAR	Yes	Yes	Yes	Yes	Yes	Yes
N	2743	3227	1998	2738	1393	2276
Adj. R^2	0.287	0.265	0.223	0.231	0.180	0.213

Panel F

变量	$PNOPM_{t+1}$	$PNOPM_{t+1}$	$PNOPM_{t+2}$	$PNOPM_{t+2}$	$PNOPM_{t+3}$	$PNOPM_{t+3}$
	非国有	国有	非国有	国有	非国有	国有
	(1)	(2)	(3)	(4)	(5)	(6)
TAX_AVD	0.042*** (3.098)	0.070*** (4.976)	0.033* (1.787)	0.054*** (3.229)	0.037* (1.749)	0.045** (2.270)
CHI^2（非国有-国有=0）		4.53**		1.50		0.16
SIZE	0.015*** (3.077)	0.020*** (5.460)	0.016*** (3.036)	0.017*** (4.332)	0.013** (2.073)	0.016*** (3.532)
MB	0.010*** (4.899)	0.013*** (4.827)	0.007** (2.185)	0.013*** (5.324)	0.006** (2.073)	0.011*** (4.904)
QUAL	-0.046 (-0.799)	-0.028 (-0.404)	-0.081 (-1.096)	-0.017 (-0.215)	-0.041 (-0.459)	-0.026 (-0.358)
VOLA	0.340* (1.648)	0.762*** (4.014)	0.302 (1.545)	0.520*** (2.657)	0.154 (0.908)	0.394* (1.879)
CONS.	-0.243** (-2.381)	-0.524*** (-5.864)	-0.189 (-1.578)	-0.466*** (-4.968)	-0.178 (-1.191)	-0.409*** (-3.766)
IND&YEAR	Yes	Yes	Yes	Yes	Yes	Yes
N	2743	3227	1998	2738	1393	2276
Adj. R^2	0.200	0.371	0.181	0.340	0.150	0.331

Panel G

变量	$NOAT_{t+1}$	$NOAT_{t+1}$	$NOAT_{t+2}$	$NOAT_{t+2}$	$NOAT_{t+3}$	$NOAT_{t+3}$
	非国有	国有	非国有	国有	非国有	国有
	(1)	(2)	(3)	(4)	(5)	(6)
TAX_AVD	-0.142 (-0.839)	-0.492** (-2.277)	-0.050 (-0.222)	-0.572*** (-2.648)	0.121 (0.417)	-0.489** (-2.138)
CHI^2（非国有-国有=0）		3.59*		5.61**		5.31*
SIZE	0.299*** (2.655)	0.306*** (4.851)	0.187 (1.393)	0.243*** (4.176)	0.108 (0.663)	0.217*** (3.621)
MB	0.0860*** (2.625)	0.130*** (4.327)	0.045 (1.437)	0.0960*** (3.140)	0.001 (0.0353)	0.0589* (1.949)

续表

变量	$NOAT_{t+1}$	$NOAT_{t+1}$	$NOAT_{t+2}$	$NOAT_{t+2}$	$NOAT_{t+3}$	$NOAT_{t+3}$
	非国有	国有	非国有	国有	非国有	国有
	(1)	(2)	(3)	(4)	(5)	(6)
QUAL	-2.816*** (-3.161)	-2.041** (-1.966)	-2.373** (-2.262)	-1.832* (-1.808)	-2.531** (-2.115)	-2.001** (-2.247)
VOLA	6.709*** (3.059)	-1.082 (-0.573)	4.825* (1.913)	-0.401 (-0.203)	1.998 (1.196)	0.432 (0.205)
CONS.	-5.371** (-2.200)	-5.973*** (-4.047)	-2.910 (-1.024)	-4.418*** (-3.257)	-0.659 (-0.197)	-3.554** (-2.578)
IND&YEAR	Yes	Yes	Yes	Yes	Yes	Yes
N	2742	3222	1995	2729	1391	2268
Adj. R^2	0.239	0.295	0.209	0.274	0.182	0.233

注：表中数据为各自变量的回归系数，括号内为 T 值；***，**，* 分别表示在 1%，5%，10% 统计意义上显著。

（5）分样本检验——机构持股比例的影响

大量研究发现企业治理情况会影响企业避税和企业价值之间的关系，因此我们借鉴 Katz et al.（2015）和 Desai and Dharmapala（2009）采用机构投资者持股比例作为公司治理的代理变量，按照中位数进行分组分别考察了不同企业治理情况下企业避税与未来经营绩效的关系，我们将机构持股比例高于中位数的企业视为治理较好的企业，结果如表 6-8 的 Panel A 至 Panel G 所示。在会计回报率方面，企业避税和未来三期的 PROOA 显著正相关（Panel A，相关系数在公司治理较好的企业中显著更大），与未来一期的 PRNOA 显著正相关（Panel C，相关系数在组间无显著差异），与未来的 PROCE 均无显著关系（Panel E，相关系数在组间无显著差异）。在杠杆效应方面，企业避税与未来的经营负债效应（OLV_FX）无显著关系（Panel B），与未来一期的财务杠杆效应（FLV_FX）在治理较差的企业显著负相关（Panel D）。Panel F 显示，企业避税在治理较好的企业中与未来三期的税前营业利润率（PNOPM）显著正相关，在治理较差的企业中与未来一期的 PNOPM 显著正相关，且相关系数在治理较好的企业显著更大。Panel G 显示，企业避税在治理较好的企业中与未来三期的资产周转率（NOAT）显著负相关，在治理较差的企业中无显著相关关系（相关系数在组间无显著差异）。综合表 6-8 的结果，企业避税对未来会计回报率的提高作用在治理较好的企业更加明显，且持续时间更长，对财务杠杆效应的降低作用在治理较差的企业更加明显，与现有研究公认的普遍规律相一致，即企业避税对治理较好的企业的价值提升作用更强，对治理不好的企业的价值损毁作用更强。

表6-8　　分样本检验——机构持股比例的影响

Panel A

变量	$PROOA_{t+1}$	$PROOA_{t+1}$	$PROOA_{t+2}$	$PROOA_{t+2}$	$PROOA_{t+3}$	$PROOA_{t+3}$
	低	高	低	高	低	高
	(1)	(2)	(3)	(4)	(5)	(6)
TAX_AVD	0.026*** (5.124)	0.039*** (6.577)	0.011* (1.773)	0.032*** (4.739)	0.009 (1.229)	0.027*** (3.519)
CHI^2（低-高=0）		2.62*		5.41**		2.92*
SIZE	0.009*** (6.444)	0.009*** (5.439)	0.004** (2.371)	0.008*** (4.586)	0.004** (2.077)	0.006*** (3.004)
MB	0.012*** (13.95)	0.014*** (19.60)	0.006*** (5.823)	0.014*** (16.90)	0.004*** (3.556)	0.013*** (13.50)
QUAL	-0.027 (-1.101)	-0.061** (-1.970)	-0.024 (-0.865)	-0.022 (-0.631)	-0.036 (-1.131)	0.017 (0.438)
VOLA	0.316*** (6.687)	0.785*** (11.45)	0.259*** (4.900)	0.527*** (7.374)	0.088 (1.449)	0.402*** (5.299)
CONS.	-0.296*** (-5.371)	-0.234*** (-5.091)	-0.074 (-1.231)	-0.230*** (-4.608)	-0.134** (-2.075)	-0.141** (-2.498)
IND&YEAR	Yes	Yes	Yes	Yes	Yes	Yes
N	2470	2890	1918	2293	1477	1805
Adj. R^2	0.201	0.327	0.153	0.321	0.162	0.310

Panel B

变量	OLV_FX_{t+1}	OLV_FX_{t+1}	OLV_FX_{t+2}	OLV_FX_{t+2}	OLV_FX_{t+3}	OLV_FX_{t+3}
	低	高	低	高	低	高
	(1)	(2)	(3)	(4)	(5)	(6)
TAX_AVD	-0.004 (-0.490)	-0.013 (-1.087)	-0.014 (-1.412)	-0.010 (-0.715)	-0.008 (-0.618)	-0.024 (-1.397)
CHI^2（低-高=0）		10.29***		10.84***		11.20***

续表

变量	OLV_FX_{t+1}	OLV_FX_{t+1}	OLV_FX_{t+2}	OLV_FX_{t+2}	OLV_FX_{t+3}	OLV_FX_{t+3}
	低	高	低	高	低	高
	(1)	(2)	(3)	(4)	(5)	(6)
SIZE	0.015*** (7.016)	0.034*** (10.33)	0.012*** (4.279)	0.019*** (4.572)	0.006** (1.984)	0.014*** (2.906)
MB	0.013*** (9.927)	0.014*** (9.795)	0.007*** (4.003)	0.011*** (5.937)	0.004** (2.075)	0.008*** (3.848)
QUAL	0.007 (0.172)	-0.156** (-2.567)	0.033 (0.702)	-0.088 (-1.164)	-0.052 (-0.935)	-0.038 (-0.424)
VOLA	0.395*** (5.208)	0.330** (2.439)	0.118 (1.326)	0.258 (1.640)	0.098 (0.921)	0.433** (2.467)
CONS.	-0.434*** (-4.905)	-0.791*** (-8.712)	-0.282*** (-2.779)	-0.440*** (-4.024)	-0.174 (-1.548)	-0.310** (-2.387)
IND&YEAR	Yes	Yes	Yes	Yes	Yes	Yes
N	2470	2890	1918	2293	1477	1805
Adj. R^2	0.122	0.153	0.102	0.103	0.117	0.076

Panel C

变量	$PRNOA_{t+1}$	$PRNOA_{t+1}$	$PRNOA_{t+2}$	$PRNOA_{t+2}$	$PRNOA_{t+3}$	$PRNOA_{t+3}$
	低	高	低	高	低	高
	(1)	(2)	(3)	(4)	(5)	(6)
TAX_AVD	0.022** (1.964)	0.026* (1.720)	-0.007 (-0.483)	0.021 (1.126)	-0.003 (-0.153)	0.003 (0.150)
CHI^2（低-高=0）		0.06		1.39		0.05
SIZE	0.023*** (7.754)	0.043*** (10.15)	0.015*** (4.070)	0.028*** (5.624)	0.010** (2.289)	0.022*** (3.620)
MB	0.025*** (13.55)	0.029*** (15.05)	0.014*** (6.143)	0.025*** (10.94)	0.009*** (3.121)	0.021*** (8.020)
QUAL	-0.032 (-0.601)	-0.213*** (-2.682)	-0.028 (-0.423)	-0.097 (-1.031)	-0.100 (-1.289)	-0.011 (-0.105)

续表

变量	$PRNOA_{t+1}$	$PRNOA_{t+1}$	$PRNOA_{t+2}$	$PRNOA_{t+2}$	$PRNOA_{t+3}$	$PRNOA_{t+3}$
	低	高	低	高	低	高
	(1)	(2)	(3)	(4)	(5)	(6)
VOLA	0.688*** (6.624)	1.122*** (6.327)	0.524*** (4.215)	0.803*** (4.108)	0.194 (1.316)	0.808*** (3.777)
CONS.	-0.708*** (-5.850)	-1.040*** (-8.735)	-0.355** (-2.520)	-0.700*** (-5.138)	-0.308** (-1.970)	-0.476*** (-3.002)
IND&YEAR	Yes	Yes	Yes	Yes	Yes	Yes
N	2470	2890	1918	2293	1477	1805
Adj. R^2	0.174	0.210	0.126	0.176	0.146	0.147

Panel D

变量	FLV_FX_{t+1}	FLV_FX_{t+1}	FLV_FX_{t+2}	FLV_FX_{t+2}	FLV_FX_{t+3}	FLV_FX_{t+3}
	低	高	低	高	低	高
	(1)	(2)	(3)	(4)	(5)	(6)
TAX_AVD	-0.017* (-1.841)	-0.021 (-1.558)	-0.003 (-0.206)	-0.020 (-1.198)	-0.021 (-1.383)	0.001 (0.0626)
CHI^2（低－高＝0）		9.63***		9.23***		9.22***
SIZE	0.004 (1.529)	-0.009** (-2.257)	0.005 (1.593)	0.002 (0.510)	0.009** (2.175)	0.006 (1.078)
MB	-0.007*** (-4.871)	-0.009*** (-5.178)	-0.004** (-2.077)	-0.008*** (-3.792)	-0.002 (-0.878)	-0.006*** (-2.650)
QUAL	0.039 (0.897)	0.301*** (4.234)	0.016 (0.270)	0.178** (2.071)	0.042 (0.609)	0.092 (0.918)
VOLA	-0.601*** (-7.132)	-0.805*** (-5.070)	-0.379*** (-3.490)	-0.555*** (-3.112)	-0.234* (-1.803)	-0.583*** (-2.946)
CONS.	-0.087 (-0.888)	0.288*** (2.705)	-0.042 (-0.340)	0.006 (0.0483)	-0.229* (-1.661)	-0.087 (-0.595)
IND&YEAR	Yes	Yes	Yes	Yes	Yes	Yes
N	2470	2890	1918	2293	1477	1805
Adj. R^2	0.129	0.125	0.111	0.108	0.127	0.082

Panel E

变量	$PROCE_{t+1}$	$PROCE_{t+1}$	$PROCE_{t+2}$	$PROCE_{t+2}$	$PROCE_{t+3}$	$PROCE_{t+3}$
	低	高	低	高	低	高
	(1)	(2)	(3)	(4)	(5)	(6)
TAX_AVD	0.006 (0.780)	0.006 (0.870)	−0.015 (−1.399)	0.000 (0.030)	−0.013 (−1.048)	0.006 (0.619)
CHI^2（低 − 高 = 0）		0.00		1.22		1.47
SIZE	0.027*** (13.01)	0.038*** (19.56)	0.021*** (7.594)	0.034*** (14.67)	0.020*** (6.078)	0.030*** (10.38)
MB	0.019*** (13.96)	0.021*** (23.94)	0.010*** (5.949)	0.018*** (17.05)	0.007*** (3.235)	0.015*** (11.93)
QUAL	0.002 (0.0425)	0.080** (2.222)	−0.005 (−0.113)	0.067 (1.554)	−0.053 (−0.922)	0.079 (1.535)
VOLA	0.195*** (2.592)	0.322*** (4.018)	0.129 (1.422)	0.246*** (2.745)	−0.081 (−0.742)	0.239** (2.352)
CONS.	−0.829*** (−9.454)	−0.829*** (−15.40)	−0.411*** (−3.960)	−0.768*** (−12.28)	−0.573*** (−4.933)	−0.605*** (−8.021)
IND&YEAR	Yes	Yes	Yes	Yes	Yes	Yes
N	2472	2892	1923	2297	1480	1810
Adj. R^2	0.207	0.328	0.143	0.287	0.140	0.242

Panel F

变量	$PNOPM_{t+1}$	$PNOPM_{t+1}$	$PNOPM_{t+2}$	$PNOPM_{t+2}$	$PNOPM_{t+3}$	$PNOPM_{t+3}$
	低	高	低	高	低	高
	(1)	(2)	(3)	(4)	(5)	(6)
TAX_AVD	0.046*** (3.521)	0.073*** (5.751)	0.023 (1.271)	0.076*** (4.893)	0.015 (0.674)	0.077*** (4.243)
CHI^2（低 − 高 = 0）		4.20**		8.47***		7.87***
SIZE	0.017*** (4.400)	0.007* (1.810)	0.013*** (2.667)	0.007 (1.592)	0.009 (1.595)	0.006 (1.098)

续表

变量	$PNOPM_{t+1}$	$PNOPM_{t+1}$	$PNOPM_{t+2}$	$PNOPM_{t+2}$	$PNOPM_{t+3}$	$PNOPM_{t+3}$
	低	高	低	高	低	高
	(1)	(2)	(3)	(4)	(5)	(6)
MB	0.012*** (4.873)	0.011*** (5.504)	0.010*** (2.617)	0.011*** (4.872)	0.007 (1.639)	0.010*** (3.822)
QUAL	−0.019 (−0.327)	0.105 (1.438)	−0.009 (−0.146)	0.077 (0.876)	−0.031 (−0.383)	0.138* (1.895)
VOLA	0.370*** (2.618)	0.721* (1.675)	0.283* (1.794)	0.461 (1.154)	0.111 (0.685)	0.349 (1.016)
CONS.	−0.527*** (−6.023)	−0.179* (−1.927)	−0.295*** (−2.684)	−0.182* (−1.688)	−0.277** (−2.170)	−0.129 (−1.019)
IND&YEAR	Yes	Yes	Yes	Yes	Yes	Yes
N	2472	2892	1923	2297	1480	1810
Adj. R^2	0.289	0.293	0.249	0.305	0.236	0.309

Panel G

变量	$NOAT_{t+1}$	$NOAT_{t+1}$	$NOAT_{t+2}$	$NOAT_{t+2}$	$NOAT_{t+3}$	$NOAT_{t+3}$
	低	高	低	高	低	高
	(1)	(2)	(3)	(4)	(5)	(6)
TAX_AVD	−0.236 (−1.293)	−0.523** (−2.331)	−0.349 (−1.600)	−0.519** (−2.295)	−0.055 (−0.228)	−0.618** (−2.476)
CHI^2（低－高＝0）		2.04		0.53		4.43**
SIZE	0.176*** (2.872)	0.501*** (5.160)	0.133* (1.941)	0.346*** (3.674)	0.086 (1.103)	0.310*** (3.084)
MB	0.080** (2.314)	0.112*** (3.616)	−0.003 (−0.071)	0.085*** (2.803)	−0.022 (−0.614)	0.060** (1.969)
QUAL	−1.578** (−2.177)	−4.338*** (−3.496)	−1.534* (−1.919)	−3.515*** (−2.774)	−1.788** (−2.118)	−3.084*** (−2.903)

续表

变量	$NOAT_{t+1}$	$NOAT_{t+1}$	$NOAT_{t+2}$	$NOAT_{t+2}$	$NOAT_{t+3}$	$NOAT_{t+3}$
	低	高	低	高	低	高
	(1)	(2)	(3)	(4)	(5)	(6)
VOLA	2. 174 (1. 466)	4. 813 (1. 485)	1. 052 (0. 779)	4. 543 (1. 395)	0. 169 (0. 135)	3. 843 (1. 632)
CONS.	-2. 726* (-1. 944)	-9. 927*** (-4. 494)	-1. 218 (-0. 782)	-6. 452*** (-3. 088)	-0. 272 (-0. 159)	-5. 276** (-2. 405)
IND&YEAR	Yes	Yes	Yes	Yes	Yes	Yes
N	2470	2890	1918	2293	1477	1805
Adj. R^2	0. 241	0. 278	0. 250	0. 229	0. 240	0. 207

注：表中数据为各自变量的回归系数，括号内为 T 值；***，**，*分别表示在 1%，5%，10% 统计意义上显著。

6.5　本章小结

我们使用杜邦分析法以 2007—2014 年沪深两市 A 股非金融类上市企业为样本，实证检验了同时考虑“账税一致避税”和“账税差异避税”这两种策略时，中国上市企业避税程度与未来经营绩效的关系。我们发现企业避税与未来税前资本回报率、税前净经营资产回报率和税前经营资产回报率显著正相关，并且这种相关关系随着时间减弱。企业避税尽管提高了盈利能力，但降低了资产利用率，同时与税前财务杠杆效应和税前经营负债效应呈现出微弱的负相关关系。按照企业产权性质分组检验发现，企业避税对国有企业盈利能力的提高效应和资产利用率的降低效应更强。按照机构投资者持股比例分组检验发现，企业避税对机构持股比例较高的企业（即治理较好的企业）盈利能力的提高效应更强。说明在全面考虑企业的整体避税程度之后，中国上市企业的避税行为能够通过提高企业的盈利能力促进企业的经营绩效，体现出“价值创造”作用。我们研究的不足之处在于企业是否采取避税策略具有内生性，具体针对本章而言就是反向因果，即企业盈利能力的提高不是企业避税行为的后果，而是企业采取更加激进的避税行为的原因，尽管对企业的经营绩效各指标采取滞后处理能够部分的缓解这一问题，但无法完全消除这种可能。现有文献普遍采用的解决这类问题的手段有 Heckman 两阶段模型，但 Lennox et al.（2012）指出，只有第一阶段模型包含至少一个与第二阶段因变量（即本章的企业绩效）完全外生的变量时，Heckman 两阶段模型的结果才是更准确的，否则还不如最小二乘法得出的结果稳健。由于影响企业避税决策的因素往往也会影响企业绩效，我们无法找到一个合适的外生变量从第二阶段的模型中剔除，本章无法使用 Heckman 两阶段等样本选择模型解决这一内生性问题。因此，本章主要是企业避税和经营绩效间相关关系的讨论，要完全探明两者之间的因果关系仍有待进一步的研究。

第7章　研究结论、局限与建议

7.1　研究结论

企业避税一直是实务界和学术界共同关注的重点话题。我们根据 Hanlon and Heitzman（2010），将企业避税行为广泛地定义为一切降低企业显性税收负担的行为。根据这一定义，在法定税率一定的情况下，企业可以通过“账税差异避税”和“账税一致避税”这两种方式实现避税目的。“账税差异避税”指只减少应税利润而不影响会计利润的避税方式，企业采用这一方式往往会形成更大的账税差异，更容易受到中国税务机关的审计（Lennox et al.，2015），面临更高的监管和处罚风险。“账税一致避税”指同时减少应税利润和会计利润的避税方式，比如“推迟确认收入”或“虚列费用”等，尽管这种避税方式会对企业的会计利润造成不良影响，但在资本市场压力较低（比如非上市企业、盈利情况好的上市企业），外部监管较强，或预期所得税税率大幅降低的情况下，这种方式“隐蔽性高”的优势带来的边际收益可能超过其边际成本而成为企业的最优选择。在当今经济增速放缓，财政压力增大，国际国内税收监管和舆论压力日趋增强的情况下，“账税一致避税”隐蔽性强的优势越来越突出。然而，针对“账税一致避税”的相关研究却十分匮乏。目前研究中广泛使用的避税指标大多只能度量企业“账税差异避税”程度，仅有少量文献对“账税一致避税”程度的度量指标做出了初步探索，针对中国企业的研究更是凤毛麟角。由于制度背景和市场经济发展程度的差异，相较于欧美等西方发达国家，国有企业在中国国民经济中占有较大比重，它们在融资渠道、考核标准和代理问题等方面的特点使其对会计利润的重视程度不如非国有企业；另外，由于产权保护较弱、市场信息环境较差和投资者专业素质较低等原因，中国股市的股价同步性较大，

"同涨同跌"现象严重，企业自身的信息（包括会计利润）对股票价格影响不大。在这些因素的影响下，中国企业（包括上市企业）采用"账税一致避税"策略比欧美国家企业的成本更小，更可能采取这种避税策略。因此，我们借鉴 Badertscher et al.（2016）提出的"账税一致避税"指标，根据中国企业信息披露情况进行调整，系统研究了中国企业"账税一致避税"的经济动因和经济后果，得出的主要结论如下：

第一，我们以 2003—2013 年工业企业数据库和沪深两市 A 股上市非金融类企业为样本研究了中国企业的"账税一致避税"行为，发现资本市场压力对企业的"账税一致避税"程度有较强的抑制作用。由于缺乏资本市场压力的影响，非上市企业"账税一致避税"程度显著高于上市企业。在预期适用税率大幅降低时，非上市企业有更强的动机通过"账税一致避税"推迟缴纳所得税以减轻企业的税收负担。

第二，我们研究了中国上市企业"账税一致避税"策略及其外部影响因素，以 2003—2014 年沪深两市 A 股非金融类上市企业为样本，实证发现中国上市企业的"账税一致避税"程度存在差异。上市企业"账税一致避税"程度不仅受到资本市场压力的影响，还受到外部监管和政府干预的影响。按照企业产权性质分组检验发现，非国有企业"账税一致避税"程度主要受到资本市场压力的影响，而国有企业"账税一致避税"程度主要受到外部监管和政府干预的影响。具体而言，国际四大会计师事务所审计、较高的地区税收征管强度以及较低的政府干预程度促使国有上市企业更多地采取"账税一致避税"策略。

第三，为了考察同时考虑"账税一致避税"和"账税差异避税"这两种策略时，中国上市企业避税程度与未来经营绩效的关系，我们以 2007—2014 年沪深两市 A 股非金融类上市企业为样本，发现企业避税与未来税前资本回报率、税前净经营资产回报率和税前经营资产回报率显著正相关，并且这种相关关系随着时间减弱。使用杜邦分析法，我们发现企业避税尽管提高了盈利能力（与税前营业利润率显著正相关），但降低了资产利用率（与资产周转率显著负相关），同时与税前财务杠杆效应和税前经营负债效应呈现出微弱的负相关关系。按照企业产权性质分组检验发现，企业避税对国有企业盈利能力的提高效应和资产利用率的降低效应更强。按照机构投资者持股比例分组检验发现，企业避税对机构持股比例较高的企业（即治理较好的企业）盈利能力的提高效应更强。说明在全面考虑企业的整体避税程度之后，中国上市企业的避税行为能够通过提高企业的盈利能力促进企业的经营绩效，体现出“价值创造”作用。

我们的研究初步探索了可以广泛使用的度量中国企业“账税一致避税”程度的指标，为研究中国企业避税行为提供了新的视角。同时考虑“账税一致避税”和“账税差异避税”为研究企业避税策略提供了更加完整的框架，为文献中提出的企业“避税不足之谜”提供了新的可能解释，为考察企业避税对企业价值和经营绩效的影响提供了新的探索方向。另外，我们的研究也丰富了对国有企业避税策略的认识，并在西方研究的基础上将“账税一致避税”程度的影响因素进一步扩展到了独立审计师、税收监管和政府干预等外部监管力量。

7.2　研究局限

本书是在中国的制度背景下对企业“账税一致避税”行为的初步探索，疏漏和不成熟之处在所难免，我们认为本书仍存在以下问题和局限，有待进一步的研究和探索。

第一，本书使用的“账税一致避税”度量指标可能受到向下盈余管理的影响。当企业进行向下盈余管理时，当期支付的所得税可能随之减少，而上期期末总资产不变，因此两者的比例会降低，进而影响企业“账税一致避税”指标。尽管我们在研究中根据现有文献选取了企业更可能使用“账税一致避税”的情景，但依然无法完全排除我们观察到的指标变化不是企业有意采用“账税一致避税”策略造成的，而是企业出于其余原因进行向下盈余管理的后果。尽管无法跟向下盈余管理完全区分开来，但避税往往是向下盈余管理的一种重要动机，对这一部分文献我们的指标不失是一种更加直接的度量。后继研究若能在这一指标的基础上进行改进，或开发出更加精确的度量指标，将对全面研究企业避税策略提供助力。

第二，企业是否采取避税策略具有内生性，具体针对本书而言就是在研究企业避税和未来绩效时可能存在反向因果的问题，即企业盈利能力的提高不是企业避税行为的后果，而是企业采取更加激进的避税行为的原因。尽管对企业的经营绩效各指标采取滞后处理能够部分的缓解这一问题，但无法完全消除这种可能。现有文献普遍采用的解决这类问题的手段有 Heckman 两阶段模型，但

Lennox et al.（2012）指出，只有第一阶段模型包含至少一个与第二阶段因变量（即本书的企业未来绩效）完全外生的变量时，Heckman 两阶段模型的结果才是更准确的，否则还不如最小二乘法得出的结果稳健。由于影响企业避税决策的因素往往也会影响企业绩效，我们无法找到一个合适的外生变量从第二阶段的模型中剔除，本书无法使用 Heckman 两阶段等样本选择模型解决这一内生性问题。因此，要完全探明企业避税和经营绩效之间的因果关系仍有待进一步的研究。

7.3　政策建议

税收是政府财政收入的重要来源，对社会的正常运转具有重要意义。然而，税收对企业而言是一种财富和资金上的负担，企业力图通过各种策略进行税收筹划以减轻自身的税负，大规模的税务筹划严重破坏了商业秩序和社会公平。随着政府对企业避税行为监管日趋严格，隐蔽性更好的避税策略的优势日渐突出。在这一背景下，本书关于企业“账税一致避税”策略的研究结果即填补了文献的空白，也具有较强的现实意义。本书对企业经营和政策制定的可能启示有如下几点：

第一，我们在本书中将企业避税策略区分为“账税差异避税”和“账税一致避税”，“账税差异避税”的优势在于不会影响企业的会计利润，但面临的处罚风险较大；“账税一致避税”的优势在于隐蔽性强，但会降低企业的会计利润，影响企业债券融资和股权融资的能力，具有较高的财务成本。因此企业在选择是否避税、采用哪种避税策略时需要仔细考虑边际收益和边际成本之间的关系，对“账税差异避税”策略而言，是节约的税收和处罚成本之间的权衡，对“账税一致避税”策略而言，就是节约的税收和财务成本之间的权衡。无论采用哪种策略，均需认识到相应的成本，不可因一味追求避税而“一叶障目，不见泰山”，将企业置于风险之中。也不可因为复杂性和风险性而忽视税务筹划的可能性，毕竟在全面考虑企业的整体避税程度之后，中国上市企业的避税行为能够通过提高企业的盈利能力促进企业的经营绩效，总体体现出“价值创造”作用。总之，企业应该认真分析各种策略的利弊，做出最有益于企业发展的决策。

第二，我们研究发现企业在面临较高的外部监管时会减少“账税差异避税”，增加“账税一致避税”，比如国际四大会计师事务所审计、较高的地区税收征管强度均会促进企业“账税一致避税”。而资本市场压力对企业“账税一致避税”程度有较强的抑制作用，比如非上市企业“账税一致避税”程度显著高于上市企业，上市企业中资本市场压力较大的企业“账税一致避税”程度较小。可见，单纯提高税务机关的征管力度并不能彻底遏制企业的避税行为，企业会采取更加隐蔽的避税手段，从而形成“上有政策，下有对策”的局面。应在提高税收征管强度的同时，健全我国的产区保护制度，大力发展规范的资本市场，降低股票市场的同步性，使股票市场的价格信息成为抑制企业“账税一致避税”的天然机制。另外，税务机关在选取稽查对象时也应留意“账税一致避税”策略的存在，不仅以账税差异、税前有效税率等“账税差异避税”指标做为衡量指标，还可综合考虑支付的所得税占前期总资产之比等指标。高质量的外部审计对企业避税策略选择的影响与高强度的税收征管相同，说明审计市场的规范不仅能够促进资本市场资源配置的效率，也能够提高税收资源的配置效率，因此我国也应重视审计市场的健康发展，使外部审计成为与税收征管相辅相成的避税抑制机制。

参考文献

[1] Allingham M G, Sandmo A. 1972. Income Tax Evasion: A Theoretical Analysis [J]. Journal of Public Economics, 1 (3 -4): 323 -338.

[2] Alvarez & Marsal. 2012. CFO Matters: Tax Perspectives Survey Highlights [R]. http: //warrington. ufl. edu/accounting/docs/tn. pdf.

[3] Armstrong C S, Blouin J L, Jagolinzer A D, Larcker D F. 2015. Corporate Governance, Incentives, and Tax Avoidance [J]. Journal of Accounting and Economics, 60 (1): 1 -17.

[4] Atwood T J, Drake M S, Myers J N, Myers L A. 2012. Home Country Tax System Characteristics and Corporate Tax Avoidance: International Evidence [J]. The Accounting Review, 87 (6): 1831 -1860.

[5] Austin C R, Wilson R. 2017. An Examination of Reputational Costs and Tax Avoidance: Evidence from Firms with Valuable Consumer Brands [J]. Journal of the American Taxation Association, 39 (1): 67 -93.

[6] Ayers B C, Laplante S K, McGuire S T. 2010. Credit Ratings and Taxes: The Effect of Book - Tax Differences on Ratings Changes [J]. Contemporary Accounting Research, 27 (2): 359 -402.

[7] Badertscher B A, Katz S P, Rego S O, Wilson R J. 2016. Conforming Tax Avoidance and Capital Market Pressure [J]. Working Paper.

[8] Badertscher B A, Phillips J D, Pincus M, Rego S O. 2009. Earnings Management Strategies and the Trade - Off between Tax Benefits and Detection Risk: To Conform or Not to Conform? [J]. The Accounting Review, 84 (1): 63 -97.

[9] Bankman J. 2004. An Academic's View of the Tax Shelter Battle. The Crisis in Tax Administration [M]. Aaron H J, Slemrod J. Washington, D. C. : Brookings Institution, 9 -37.

[10] Becker G S. 1968. Crime and Punishment: An Economic Approach [J].

Journal of Political Economy, 76 (2): 169 –217.

[11] Bird A, Karolyi S A. 2017. Governance and Taxes: Evidence from Regression Discontinuity? [J]. The Accounting Review, 92 (1): 29 –50.

[12] Blaylock B S. 2011. Do Managers Extract Economically Significant Rents through Tax Aggressive Transactions? [J]. Working Paper.

[13] Bradshaw M, Liao G, Ma M S. 2012. State Ownership, Tax and Political Promotion: Evidence from China. [J]. Working Paper.

[14] Balakrishnan K, Blouin J L, Guay W R. 2012. Does Tax Aggressiveness Reduce Corporate Transparency? [J]. Working Paper.

[15] Bamber L S, Jiang J, Wang I Y. 2010. What's My Style? The Influence of Top Managers on Voluntary Corporate Financial Disclosure [J]. The Accounting Review, 85 (4): 1131 –1162.

[16] Bankman J. 2004. An Academic's View of the Tax Shelter Battle: The Crisis in Tax Administration [M]. Aaron H J, Slemrod J. Washington, DC: Brookings Institute, 9 –37.

[17] Becker G S. 1968. Crime and Punishment: An Economic Approach [J]. Journal of Political Economy, 76 (2): 169 –217.

[18] Bennedsen M, Zeume S. 2017. Corporate Tax Havens and Transparency [J]. Working Paper.

[19] Cen L, Maydew E L, Zhang L, Zuo L. 2017. Customer – Supplier Relationships and Corporate Tax Avoidance [J]. Journal of Financial Economics, 123 (2): 377 –394.

[20] Chan K H, Lin K Z, Mo P L L. 2010. Will aDeparture from Tax – Based Accounting Encourage Tax Noncompliance? Archival Evidence from a Transition Economy [J]. Journal of Accounting and Economics, 50 (1): 58 –73.

[21] Chen K P, Chu C Y C. 2005. Internal Control Versus External Manipulation: A model of Corporate Income Tax Evasion [J]. RAND Journal of Economics, 151 –164.

[22] Chen S, Chen X, Cheng Q, Shevlin T. 2010. Are Family Firms More Tax Aggressive Than Non – Family Firms? [J]. Journal of Financial Economics, 95 (1): 41 –61.

[23] Cloyd C B, Pratt J, Stock T. 1996. The Useof Financial Accounting Choice to Support Aggressive Tax Positions: Public and Private Firms [J]. Journal of Accounting research, 23 – 43.

[24] Crocker K J, Slemrod J. 2005. Corporate Tax Evasionwith Agency Costs [J]. Journal of Public Economics, 89 (9): 1593 – 1610.

[25] DeFond M, Zhang J. 2014. A Reviewof Archival Auditing Research [J]. Journal of Accounting and Economics, 58 (2): 275 – 326.

[26] Deloitte. 2006. What Do Companies Want from the Corporate Tax Function? CFO and Tax Executives' Perspectives on Corporate Tax [R]. CFO Publishing Corp. http: //www. readbag. com/ deloitte – assets – dcom – unitedstates – local – assets – documents – us – tax – cfowhat – companies – want – 161106.

[27] Desai M A. 2003. The Divergence between Book Incomeand Tax Income [J]. Tax Policy and the Economy, 17: 169 – 206.

[28] Desai M A, Dharmapala D. 2006. Corporate Tax Avoidanceand High – Powered Incentives [J]. Journal of Financial Economics, 79 (1): 145 – 179.

[29] Desai M A, Dharmapala D. 2009. Corporate Tax Avoidanceand Firm Value [J]. The Review of Economics and Statistics, 91 (3): 537 – 546.

[30] Desai M A, Dyck A, Zingales L. 2007. Theft andTaxes [J]. Journal of Financial Economics, 84 (3): 591 – 623.

[31] De Simone L, Stomberg B. 2012. Do Investors Differentially Value Tax Avoidance of Income Mobile Firms? [J]. Working Paper.

[32] Dichev I D, Tang V W. 2009. Earnings Volatility and Earnings Predictability [J]. Journal of Accounting and Economics, 47 (1): 160 – 181.

[33] Dyreng S D, Hanlon M, Maydew E L. 2008. Long – Run Corporate Tax Avoidance [J]. The Accounting Review, 83 (1): 61 – 82.

[34] Dyreng S D, Hanlon M, Maydew E L. 2010. The Effectsof Executives on Corporate Tax Avoidance [J]. The Accounting Review, 85 (4): 1163 – 1189.

[35] Edwards A, Schwab C, Shevlin T. 2016. Financial Constraintsand Cash Tax Savings [J]. The Accounting Review, 91 (3): 859 – 881.

[36] Erickson M, Hanlon M, Maydew E L. 2004. How Much Will Firms Pay for Earnings That Do Not Exist? Evidence of Taxes Paid on Allegedly Fraudulent Earn-

ings [J]. The Accounting Review, 79 (2): 387 -408.

[37] Francis J, LaFond R, Olsson P, Schipper K. 2005. The Market Pricing of Accruals Quality [J]. Journal of Accounting and Economics, 39 (2): 295 -327.

[38] Frank M M, Lynch L J, Rego S O. 2009. Tax Reporting Aggressivenes-sand Its Relation to Aggressive Financial Reporting [J]. The Accounting Review, 84 (2): 467 -496.

[39] Frischmann P J, Shevlin T, Wilson R. 2008. Economic Consequences of Increasing the Conformity in Accounting for Uncertain Tax Benefits [J]. Journal of Accounting and Economics, 46 (2): 261 -278.

[40] Gallemore J, Labro E. 2015. The Importance of the Internal Information Environment for Tax Avoidance [J]. Journal of Accounting and Economics, 60 (1): 149 -167.

[41] Gallemore J, Maydew E L, Thornock J R. 2014. The Reputational Costs of Tax Avoidance [J]. Contemporary Accounting Research, 31 (4): 1103 -1133.

[42] Ge W, Matsumoto D, Zhang J L. 2011. Do CFOs Have Style? An Empirical Investigation of the Effect of Individual CFOs on Accounting Practices [J]. Contemporary Accounting Research, 28 (4): 1141 -1179.

[43] Goh B W, Lee J, Lim C Y, Shevlin T. 2016. The Effect of Corporate Tax Avoidance on the Cost of Equity [J]. The Accounting Review, 91 (6): 1647 -1670.

[44] Graham J R, Hanlon M, Shevlin T, Shroff N. 2014. Incentives for Tax Planning and Avoidance: Evidence from the Field [J]. The Accounting Review, 89 (3): 991 -1023.

[45] Graham J R, Tucker A L. 2006. Tax Shelters and Corporate Debt Policy [J]. Journal of Financial Economics, 81 (3): 563 -594.

[46] Guenther D A. 1994. Earnings Management in Response to Corporate Tax Rate Changes: Evidence from the 1986 Tax Reform Act [J]. Accounting Review, 69 (1): 230 -243.

[47] Guenther D A, Matsunaga S R, Williams B M. 2017. Is Tax Avoidance Relatedto Firm Risk? [J]. The Accounting Review, 92 (1): 115 -136.

[48] Gupta S, Newberry K. 1997. Determinants of the Variabilityin Corporate Effective Tax Rates: Evidence from Longitudinal Data [J]. Journal of Accounting and

Public Policy, 16 (1): 1 - 34.

[49] Hambrick D C, Mason P A. 1984. Upper Echelons: The Organization as a Reflectionof Its Top Managers [J]. Academy of management review, 9 (2): 193 - 206.

[50] Hanlon M. 2005. The Persistenceand Pricing of Earnings, Accruals, and Cash Flows When Firms Have Large Book - Tax Differences [J]. The accounting review, 80 (1): 137 - 166.

[51] Hanlon M, Heitzman S. 2010. AReview of Tax Research [J]. Journal of Accounting and Economics, 50 (2): 127 - 178.

[52] Hanlon M, Slemrod J. 2009. What Does Tax Aggressiveness Signal? Evidence from Stock Price Reactions to News about Tax Shelter Involvement [J]. Journal of Public Economics, 93 (1): 126 - 141.

[53] Hasan I, Hoi C K S, Wu Q, Zhang H. 2014. Beauty Is in the Eye of the Beholder: The Effect of Corporate Tax Avoidance on the Cost of Bank Loans [J]. Journal of Financial Economics, 113 (1): 109 - 130.

[54] Henry E, Sansing R C. 2014. Data Truncation Biasand the Mismeasurement of Corporate Tax Avoidance [C]. 2014 American Taxation Association Midyear Meeting.

[55] Jensen M C, Meckling W H. 1976. Theory of the Firm: Managerial Behavior, Agency Costs and Ownership Structure [J]. Journal of Financial Economics, 3 (4): 305 - 360.

[56] Jin, L., and S. Myers. 2006. R2 around the World: New Theory and New Tests. Journal of Financial Economics, 79: 257 - 292.

[57] Jones J J. 1991. Earnings Management During Import Relief Investigations [J]. Journal of Accounting Research, 29 (2): 193 - 228.

[58] Katz S P, Khan U, Schmidt A. 2015. Tax Avoidanceand Dupont Measures of Future Performance [J]. Working Paper.

[59] Kanagaretnam K, Lee J, Lim C Y, Lobo G J. 2016. Relation between Auditor Quality and Corporate Tax Aggressiveness: Implications of Cross - Country Institutional Differences [J]. Auditing: A Journal of Practice and Theory, 35 (4): 105 - 135.

[60] Kim J B, Li Y, Zhang L. 2011. Corporate Tax Avoidanceand Stock Price Crash Risk: Firm – Level Analysis [J]. Journal of Financial Economics, 100 (3): 639 – 662.

[61] Klassen K P, Lisowsky P, and Mescall D. 2016. The Role of Auditors, Non – Auditors, and Internal Tax Departments in Corporate Tax Aggressiveness [J]. The Accounting Review 91 (1) : 179 – 205.

[62] Kleven H J, Knudsen M B, Kreiner C T, Pedersen S, Saez E. 2011. Unwilling or Unable to Cheat? Evidence from a Tax Audit Experiment in Denmark [J]. Econometrica, 79 (3): 651 – 692.

[63] Lang M H, Lins K V, Miller D P. 2003. ADRs, Analysts, and Accuracy: Does Cross Listing in the United States Improve a Firm's Information Environment and Increase Market Value? [J]. Journal of Accounting Research, 41 (2): 317 – 345.

[64] Law K K F, Mills L F. 2017. Military Experienceand Corporate Tax Avoidance [J]. Review of Accounting Studies, 22 (1): 141 – 184.

[65] Lennox C S, Francis J R, Wang Z. 2012. Selection Modelsin Accounting Research [J]. The Accounting Review, 87 (2): 589 – 616.

[66] Lennox C S, Li W, Pittman J, Wang Z T. 2015. The Determinants and Consequences of Tax Audits: Some Evidence from China [J]. Working Paper.

[67] Lev B, Nissim D. 2004. Taxable Income, Future Earnings, and Equity Values [J]. The Accounting Review, 79 (4): 1039 – 1074.

[68] Li Q, Maydew E L, Willis R H, Xu L. 2015. Corporate Tax Behavior and Political Uncertainty: Evidence from National Elections around the World [J]. Working Paper.

[69] Li Q, Maydew E L, Willis R H, Xu L. 2016. Taxes, Director Independence, and Firm Value: Evidence from Board Reforms Worldwide [J]. Working Paper.

[70] Lin B, Lu R, Zhang T. 2012. Tax – Induced Earnings Managementin Emerging Markets: Evidence from China [J]. Journal of the American Taxation Association, 34 (2): 19 – 44.

[71] Lin K Z, Mills L F, Zhang F. 2014. Public Versus Private Firm Responsesto the Tax Rate Reduction in China [J]. The Journal of the American Taxation Association, 36 (1): 137 – 163.

[72] Lisowsky P. 2010. Seeking Shelter: Empirically Modeling Tax Shelters Using Financial Statement Information [J]. The Accounting Review, 85 (5): 1693 - 1720.

[73] Lisowsky P, Robinson L, Schmidt A. 2013. Do Publicly Disclosed Tax Reserves Tell Us about Privately Disclosed Tax Shelter Activity? [J]. Journal of Accounting Research, 51 (3): 583 - 629.

[74] Manzon Jr G B, Plesko G A. 2002. The Relation between Financial and Tax Reporting Measures of Income. Tax Law Review, 55 (2): 175 - 214.

[75] Maydew E L. 1997. Tax - Induced Earnings Management by Firms with Net Operating Losses [J]. Journal of Accounting Research, 35 (1): 83 - 96.

[76] Maydew E L, Shackelford D A. 2007. The Changing Role of Auditors in Corporate Tax Planning. Taxing Corporate Income in the 21st Century [R]. Auerbach A J, Hines J R, and Slemrod J B. Cambridge, U. K: Cambridge University Press, 307 - 337.

[77] McGill G A, Outslay E. 2004. Lostin Translation: Detecting Tax Shelter Activity in Financial Statements [J]. National Tax Journal, 739 - 756.

[78] McGuire S T, Omer T C, Wang D. 2012. Tax Avoidance: Do Industry Experts Make a Difference? The Accounting Review, 87 (3): 975 - 1003.

[79] Mertens, J. B. 2003. Measuring Tax Effort in Central and Eastern Europe. Public Finance & Management, 3 (4): 530 - 563.

[80] Mills L F. 1998. Book - Tax Differences and Internal Revenue Service Adjustments [J]. Journal of Accounting Research, 36 (2): 343 - 356.

[81] Mills L, Erickson M M, Maydew E L. 1998. Investments in Tax Planning [J]. The Journal of the American Taxation Association, 20 (1): 1 - 20.

[82] Mills L F, Newberry K J. 2001. The Influence of Tax and Nontax Costs on Book - Tax Reporting Differences: Public and Private Firms [J]. Journal of the American Taxation Association, 23 (1): 1 - 19.

[83] Mills L F, Sansing R C. 2000. Strategic Tax and Financial Reporting Decisions: Theory and Evidence [J]. Contemporary Accounting Research, 17 (1): 85 - 106.

[84] Minnick K, Noga T. 2010. Do Corporate Governance Characteristics Influ-

ence Tax Management? [J]. Journal of Corporate Finance, 16 (5): 703 -718.

[85] Morck R, Yeung B, Yu W. 2000. The Information Content of Stock Markets: Why Do Emerging Markets Have Synchronous Stock Price Movements? [J]. Journal of Financial Economics, 58 (1): 215 -260.

[86] Nissim D, Penman S H. 2003. Financial Statement Analysis of Leverage and How It Informs about Profitability and Price - to - Book Ratios [J]. Review of Accounting Studies, 8 (4): 531 -560.

[87] Ohlson J A. 1995. Earnings, Book Values, and Dividends in Equity Valuation [J]. Contemporary Accounting Research, 11 (2): 661 -687.

[88] Penno M, Simon D T. 1986. Accounting Choices: Public versus Private Firms [J]. Journal of Business Finance & Accounting, 13 (4): 561 -569.

[89] Phillips J D. 2003. Corporate Tax - Planning Effectiveness: The Role of Compensation - Based Incentives [J]. The Accounting Review, 78 (3): 847 -874.

[90] Rego S O. 2003. Tax - Avoidance Activities of US Multinational Corporations [J]. Contemporary Accounting Research, 20 (4): 805 -833.

[91] Rego S O, Wilson R. 2012. Equity Risk Incentives and Corporate Tax Aggressiveness [J]. Journal of Accounting Research, 50 (3): 775 -810.

[92] Robinson J R, Xue Y, Zhang M H. 2012. Tax Planning and Financial Expertise in the Audit Committee [J]. Working Paper.

[93] Roychowdhury S. 2006. Earnings Management through Real Activities Manipulation [J]. Journal of accounting and economics, 42 (3): 335 -370.

[94] Seidman J K, Stomberg B. 2012. Equity Compensation and Tax Sheltering: Are They Negatively Related due to Incentives or Tax Benefits? [J]. Working Paper.

[95] Scholes M S, Wilson G P, Wolfson M A. 1992. Firms' Responses to Anticipated Reductions in Tax Rates: The Tax Reform Act of 1986 [J]. Journal of Accounting Research, 30 (3): 161 -185.

[96] Scholes M, Wolfson M, Erikson M, Maydew E, and Shevlin T. 2009. Taxes and Business Strategy: A Planning Approach [M]. 4th ed. Upper Saddle River, NJ: Pearson Prentice Hall.

[97] Slemrod J, Blumenthal M, Christian C. 2001. Taxpayer Response to an

Increased Probability of Audit: Evidence from a Controlled Experiment in Minnesota [J]. Journal of public economics, 79 (3): 455 -483.

[98] Slemrod, J. 2004. The Economics of Corporate Tax Selfishness [J]. National Tax Journal, 57 (4): 877 -899.

[99] Slemrod J. 2007. Cheating Ourselves: The Economics of Tax Evasion [J]. The Journal of Economic Perspectives, 21 (1): 25 -48.

[100] Taxand. 2012. Taxand the CFO: Understanding Tax Changesas Economies Worldwide Drive Efficiency [R]. Taxand Economic Interest Grouping. http: //www. taxand. com/files/u12/Taxand_Global_Survey_2012. pdf.

[101] Weber D P. 2009. Do Analysts and Investors Fully Appreciate the Implications of Book - Tax Differences for Future Earnings? [J]. Contemporary Accounting Research, 26 (4): 1175 -1206.

[102] Weisbach D. 2002. Ten Truths about Tax Shelters [J]. Tax Law Review, 55: 215 - 253.

[103] Williamson O E. 1973. Markets and Hierarchies: Some Elementary Considerations [J]. The American Economic Review, 63 (2): 316 -325.

[104] Wilson R J. 2009. An Examination of Corporate Tax Shelter Participants [J]. The Accounting Review, 84 (3): 969 -999.

[105] Wong T J. 2016. Corporate Governance Research on Listed Firms in China: Institutions, Governance and Accountability [J]. Foundations and Trends ® in Accounting, 9 (4): 259 -326.

[106] Xu W, Zeng Y, Zhang J. 2010. Tax Enforcement as a Corporate Governance Mechanism: Empirical Evidence from China [J]. Corporate Governance: An International Review, 19 (1): 25 -40.

[107] Yitzhaki S. 1987. On the Excess Burden of Tax Evasion [J]. Public Finance Review, 15 (2): 123 -137.

[108] Zimmerman J. 1983. Taxes and Firm Size. Journal of Accounting and Economics, 5: 119 -149.

[109] 蔡春，李明，和辉. 约束条件，IPO 盈余管理方式与公司业绩——基于应计盈余管理与真实盈余管理的研究 [J]. 会计研究，2013 (10): 35 -42.

[110] 陈德球，陈运森，董志勇. 政策不确定性，税收征管强度与企业税

收规避［J］. 管理世界，2016（5）：151－163.

［111］陈冬，罗祎. 公司避税影响审计定价吗？［J］. 经济管理，2015（3）：98－109.

［112］陈冬，孔墨奇，王红建. 投我以桃，报之以李：经济周期与国企避税［J］. 管理世界，2016（5）：46－63.

［113］陈冬，唐建新. 机构投资者持股，避税寻租与企业价值［J］. 经济评论，2013（6）：133－143.

［114］陈骏，徐玉德. 内部控制与企业避税行为［J］. 审计研究，2015（3）：100－107.

［115］姜付秀，朱冰，王运通. 国有企业的经理激励契约更不看重绩效吗？［J］. 管理世界，2014（9）：143－159.

［116］金鑫，雷光勇. 审计监督，最终控制人性质与税收激进度［J］. 审计研究，2011（5）：98－106.

［117］李维安，徐业坤. 政治身份的避税效应［J］. 金融研究，2013（3）：114－129.

［118］刘行，叶康涛. 企业的避税活动会影响投资效率吗？［J］. 会计研究，2013（6）：47－53.

［119］刘行，叶康涛. 金融发展，产权与企业税负［J］. 管理世界，2014（3）：41－52.

［120］刘慧龙，吴联生. 制度环境，所有权性质与企业实际税率［J］. 管理世界，2014（4）：42－52.

［121］刘骏，刘峰. 财政集权，政府控制与企业税负——来自中国的证据［J］. 会计研究，2014（1）：21－27.

［122］吕伟. 分析师跟踪、产权安排与公司避税行为——来自新企业所得税法实施后的经验证据. 山西财经大学学报，2010，32（11）：60－66.

［123］唐松，孙铮. 政治关联，高管薪酬与企业未来经营绩效［J］. 管理世界，2014（5）：93－105.

［124］王化成，曹丰，叶康涛. 监督还是掏空：大股东持股比例与股价崩盘风险［J］. 管理世界，2015（2）：45－57.

［125］王亮亮. 税制改革与利润跨期转移——基于“账税差异”的检验［J］. 管理世界，2014（11）：105－118.

[126] 王跃堂，王亮亮，彭洋．产权性质，债务税盾与资本结构 [J]. 经济研究，2010 (9)：122－136.

[127] 魏春燕．审计师行业专长与客户的避税程度 [J]. 审计研究，2014 (2)：74－83.

[128] 吴联生．国有股权，税收优惠与公司税负 [J]. 经济研究，2009 (10)：109－120.

[129] 吴文锋，吴冲锋，芮萌．中国上市公司高管的政府背景与税收优惠. 管理世界，2009 (3)：134－142.

[130] 徐莉萍，辛宇，陈工孟. 控股股东的性质与公司经营绩效 [J]. 世界经济，2006，29 (10)：78－89.

[131] 叶康涛，刘行. 公司避税活动与内部代理成本 [J]. 金融研究，2014 (9)：158－176.

[132] 曾亚敏，张俊生．税收征管能够发挥公司治理功用吗？管理世界，2009 (3)：143－151.

[133] 郑国坚，林东杰，张飞达．大股东财务困境，掏空与公司治理的有效性——来自大股东财务数据的证据 [J]. 管理世界，2013 (5)：157－168.

[134] 郑红霞，韩梅芳．基于不同股权结构的上市公司税收筹划行为研究——来自中国国有上市公司和民营上市公司的经验证据 [J]. 中国软科学，2008 (9)：122－131.